U0672933

新时代基础设施管理创新与实战丛书

# 建筑企业 商务与项目成本管理

Business and Cost Management of Construction Enterprises

邓尤东　著

中国建筑工业出版社

**图书在版编目（CIP）数据**

建筑企业商务与项目成本管理 = Business and Cost Management of Construction Enterprises / 邓尤东著 .—北京：中国建筑工业出版社，2020.12（2023.2重印）
（新时代基础设施管理创新与实战丛书）
ISBN 978-7-112-25681-5

Ⅰ.①建… Ⅱ.①邓… Ⅲ.①建筑工程—项目管理—成本管理 Ⅳ.①F407.967.2

中国版本图书馆CIP数据核字（2020）第240874号

效益是企业运营的使命之一，某种程度上也是存在的意义。然而，随着低成本竞争成为一种世界趋势，国际、国内建筑市场面临巨大的压力，建筑行业进入微利时代。当外部形势难以撼动，如何向内寻找答案，通过精细管理推动项目降本增效，达成企业高质量发展目标？可以说，这已然成为建筑施工企业共同面对的课题。

本书通过理论联系实际的方式，从经营与商务结合、精准策划、创效前置、过程考核、人才培养、结算管理几个方面进行探讨，为管理者提供解决问题的理念、方法和案例。

责任编辑：曹丹丹　范业庶　张　磊
责任校对：张　颖

新时代基础设施管理创新与实战丛书
**建筑企业商务与项目成本管理**
Business and Cost Management of Construction Enterprises
邓尤东　著
*
中国建筑工业出版社出版、发行（北京海淀三里河路9号）
各地新华书店、建筑书店经销
北京点击世代文化传媒有限公司制版
北京盛通印刷股份有限公司印刷
*
开本：787 毫米 × 1092 毫米　1/16　印张：14　字数：225 千字
2020 年 12 月第一版　2023 年 2月第五次印刷
定价：63.00 元
ISBN 978-7-112-25681-5
（36671）

**坚持党的领导、加强党的建设，是我国国有企业的光荣传统，是国有企业的“根”和“魂”，要理直气壮做强做优做大国有企业，要坚持有利于国有资产保值增值、有利于提高国有经济竞争力、有利于放大国有资本功能的方针。**

——习近平总书记

# 前　言

效益是企业运营的使命之一，某种程度上也是企业存在的意义。然而，随着低成本竞争成为一种世界趋势，国际、国内建筑市场面临巨大的压力，建筑行业进入微利时代。当外部条件逐渐严苛，如何向内寻找答案，通过精细管理推动项目降本增效，达成企业高质量发展目标？可以说，这已然成为建筑施工企业共同面对的重要课题。

当前，国内建筑企业项目管理中存在一些现象，因商务成本管控不到位，直接影响项目管理品质，导致项目盈利水平下滑，甚至亏损。主要体现在：

一是商务与市场结合不紧密。投标时商务人员对前端营销的参与度不够，业务支撑不足，标前指标分析不准，造成项目经营品质下降，诸如：概算不足、条件苛刻、创效困难、收益偏低等；投标报价技巧不对，现场与清单严重脱节，商务把控在投标中仅限于机械报价，不能灵活应用；商务人员对接营销深度不够，不能就招标文件、答疑文件、现场踏勘、人文调查等与商务工作紧密结合，以致项目中标后工作被动；企业成本定额或成本指导价不全，投标中未能综合预判企业低成本竞争的优势。

二是商务策划不系统。项目策划不及时，无依据的分析概算指标；策划不精准，追求数量而不重质量，流于形式；策划不科学，顶层设计不优，或太细无法执行，或太粗无从下手，或与技术方案的结合度不够而缺乏指导性；策划不合理，目标责任书编制与考核兑现难以落地。

三是成本责任不明确。项目成本管控责任制不完备，责任预算中心未能有效分解，责任中心目标难以确立，责任中心目标书缺失，部分岗位存在“大锅饭”现象，未能形成“人人管成本”的意识。

四是过程管控不务实。项目管理制度不完备，表单模板不科学，责任制落实流于形式，问题不能点对点解决；商务成本业务人员素质参差不齐，对合同、征拆、工期、材料管控等风险预判不准，风险防范意识亟待提高。

五是创效策划不落地。不能熟练掌握行业游戏规则，创效“金点子”不多，工作方式方法不新，激励机制不健全，另外受政策形势、资源关系、合同模式等外部条件的制约，直接影响项目经济效益。

六是结算工作不及时。基建项目本身结算难度大，周期长，合同严苛，不确定因素多。如果过程资料不完整、签认不足、程序不快、后方无支撑、协调对接不充分等，将导致结算滞后，项目经济效益无法及时体现。

这些现象的背后，直指建筑企业商务管理的共性问题。编著本书的初衷是希望通过理论联系实际的方式，为管理者提供解决问题的理念、方法和案例，提升创效成果。

一是经营与商务结合。商务工作要提前介入，深度参与，从源头上把关，重视招标文件、合同条款的研究，注重投标不平衡报价策略，组织标前测算和底线设定、风险识别等工作，真正实现经营与商务结合，提高项目营销质量。

二是精准策划。项目商务策划要“实事求是，精准谋划”，发挥“成本预控”和“风险防范”的作用，本着对项目的资源配置、责任落实、创效策划以及成本管控体系、价格控制体系、过程核算体系、预警监督体系等实施有效管理。

三是创效前置。本着“早介入，早策划”的原则，推动创效工作前置。实践证明，

## 前　言

标前创效、工前创效的效果，均优于过程创效。项目要尽早对接业主、设计院、地勘、工经等，在合同模式研究、创效方向把握、盈亏细目分析、概预算编制、创效要点梳理以及技术方案比选等方面下功夫，为项目创效和盈利打下基础。

四是过程考核。落实岗位成本考核机制，项目成本责任目标层层分解到人，严格执行并考核，做到“人人管成本”。常态推行季度“晒成本”，通过追根源、找问题、堵漏洞、快整改、见成效来控制项目成本，提高项目收益率。

五是人才培养。加强基础设施商务人才培养，除注重商务业务知识培训外，还应重视施工技术业务的学习，打造懂技术、通工艺、熟流程、会结合技术方案进行经济比选、变更创效、成本管控等复合型人才，在适当条件下可推动技术与商务人员轮岗。

六是结算管理。始终树立“开工即结算”和“结算似营销”的理念，开工前要研究合同和计量规则、技术规范，进行结算工作策划，包括基础资料过程收集和签证整理等，注意变更创效和计量结算的结合，保持收尾项目结算人员的相对稳定，确保对内对外结算工作的衔接和延续。在主体工程结束后，签订结算考核责任书，确保项目“结算率”和“结算利润率”双达标。

进入微利时代的国内建筑企业，既要承受巨大的市场竞争压力，又要防范企业内外部环境带来的亏损风险，只有时刻管理创新，向管理要效益，向规模要发展，才能适应新时代企业高质量发展新要求。

精细化管理、数字化转型，已成为很多企业竞争的主要赛道。面对未来，建筑企业的粗放式管理、封闭式理念将荡然无存，取而代之的将是高效智能的精细化、信息化、数字化管理和项目机械化作业、智能化管控时代。未来企业的风险防范体系和安全应急体系将更加健全，企业间市场化竞争逐步演变为专业化融合，进而形成强有力的集约化国际竞争力，逐步在国际市场拓展壮大，商务合约及成本管理成为企业的核心竞争力。

邓尤东

2020 年 9 月

商务成本

Business Cost

目　录

第一篇　商务与成本管理概述



第二篇　商务管理体系建设

在数字化大数据管理的趋势下，建立信息化管理思维尤为重要。企业利用信息化大数据平台进行商务管控已成为趋势。避免数据重复报送，报表将自动生成，所有数据实现线上取数，集成共享，充分运用数据管理平台，提高工作效率，进行实时风险预警，助力企业管理升级。



项目管理是企业管理的基石,成本管理是项目管理的核心。履约为先，技术是龙头，工期就是效益，方案决定成本，开源节流并重等管理理念的掌握，将对项目责任成本管理起到重要的指导作用。

实行项目经理责任制，是把经营效益、管理效益、结算效益区分开来，项目前期策划是关键。商务策划书是以合同清单为前提，以成本费用中心为载体，结合生产、技术等方案编制的责任成本预算，是项目成本和创效运营管控的指导性文件。策划原则为“预控为先，价本分离”，通过成本预算分解和岗位责任制建设，实现项目责任利润目标。





项目商务管理的重要工作是开源节流，开源是核心，节流是基础，双管齐下才能实现项目管理效益。创效管理以高效履约为前提，以合同文件及法律法规为依据，优质履约，精准实施，是项目获取效益最大化的有效途径。

在项目管理的过程中，由于内外部因素的不确定性，往往伴随着各种各样的风险，给项目管理带来不利影响。因此，管理者不但要有识别风险的能力，更要有应对风险的措施，提前预判并采取行动，减少不利因素对项目造成的损失，提升企业信誉度。



过程成本管控主要对构成成本费用的诸要素进行规划、限制和调节，通过建章立制，规范管控行为，设置规定动作，及时纠正偏差，达到项目内控成本的目的。过程成本控制基础是岗位责任制的建立，只有各业务线条和岗位责任制的相互合作实施，进行有效的管理，才能实现项目全方位的成本控制。

## 11 归集 项目责任成本核算与分析 145

针对基础设施项目工期长、变化大等特点，阶段性成本核算至关重要，成本核算是成本管理的重要组成部分。通过成本核算，从根源上寻找项目管理漏洞，从数据上分析节超原因，以问题为导向，及时将成本超耗苗头消灭在萌芽状态。成本核算需要统一标准和方法，确保核算的公平性和准确性；成本分析要及时准确，凸显分析结果在过程控制中的参考指导作用。



## 12 目标 项目结算与回款管理 153

项目结算管理是项目管理的第三次经营。树立“开工即结算”和“结算似营销”的指导思想，巧用方法和策略，提高项目结算率和结算利润率双指标。

商务成本

Business and
Cost Management of
Construction Enterprises

# 第一篇
# 商务与成本管理概述

# 01 价值

## 商务管理概述

商务管理作为企业管理的重要组成部分，主要从企业各层级的宏观角度进行定位，侧重办法的制定、体系的建设、责任制的落实。成本管理主要载体是项目，贯穿于项目管理的全生命周期，重点是项目的前期策划、过程管控和结算收款。

## 商务管理基本概念

商务管理作为企业管理的重要组成部分，以合同管理为基础，以预控管理为导向，以成本管理为抓手，以目标管理为手段，纵向到底，横向到边，是一种综合性的管理模式。商务管理纵向从集团（局）到项目，顶层到基层，整体到分部，目标到落实；横向从投标阶段的标前测算、创效前置，到开工阶段的合同谈判、商务策划，到施工阶段的成本管控、风险防控，再到竣工阶段的结算办理、款项回收等，贯穿于企业项目管理的全生命周期。通过对商务管理体系的建设、商务管理理念的创新、商务管理职能的划分、商务管理责任的落实等，达到提高企业商务管控水平的目的。

成本管理是商务管理的核心，是指企业生产经营过程中的各项成本核算、成本分析、成本决策和成本控制等一系列科学管理行为的总称。成本管理一般包括成本预测、成本决策、成本计划、成本核算、成本控制、成本分析、成本考核等职能；成本管理的目的是充分动员和组织企业全体人员，在保证产品质量的前提下，对企业生产经营过程的各个环节进行科学合理的管理，力求以最少的生产耗费取得最大的生产成果，它对于促进增产节支、加强经济核算，改进企业管理，提高企业整体管理水平具有重大意义。

## 商务管理理念

（1）一体化管理理念

施工建筑企业的三大命门，一是市场经营，二是生产管理，三是商务管理。前两者是前提，后者是保证。商务管理的好坏决定企业是否可持续发展。所以，商务管理必须贯以大商务、全员商务管理的一体化管理理念，并当成一种信仰，才能实现商务管理的两大功能——开源和节流。

（2）全过程管控理念

商务管理不能仅局限于项目生产实施过程，而必须体现在从市场经营开始，直至工程完工收款完毕。项目一二三次经营，对应为工程投标中标、实施中的变更签证索赔、完工结算三个阶段，每一阶段的侧重点不同，不变的是通过三个阶段的实施过程，确保每一个工程最终都能实现盈利，而且还要利润最大化！

（3）三化融合管理理念

标准化是信息化、精细化的基础，信息化是标准化、精细化的工具，精细化是标准化、信息化的目标。创新在于标准化、信息化、精细化的“三化”融合，其途径和方法是，管理标准化、标准表单化、表单信息化、信息集约化。

（4）目标责任管理理念

项目成本管理的任务就是在保证工期和质量满足业主合同要求的情况下，采取相关管理措施，包括组织措施、经济措施、技术措施、合同措施等，把成本控制在目标责任成本范围内，并寻求最大程度的成本节约。

## 商务管理的原则

商务管理是企业管理的重要内容，正确的管理原则，是指导做好商务合约管理及成本管控的前提，对提高建筑企业项目综合效益具有重要意义。

（1）企业管理以经济活动管理为中心的原则

项目是企业经济活动的基础，是企业效益的源泉。项目成本管理是“内控外创”的综合管理。项目效益要通过“内控成本”“对外创效”两个途径来实现。

内控管理指按照现场实际施工条件、施工方案、工程数量、价格水平和格式化标准，采用统一的定额模块和取费标准编制责任预算，测算合理目标成本，层层分解到责任部门（中心）和责任人，并定期分析、对比、考核的一种管理方法；外创管理指项目部在合同实施过程中根据合同条款、法律法规和规范标准等，对并非由于自己过错，并且属于非承包人承担责任所造成的实际损失，凭相关证据提出合理补偿的要求，或在投标前和出施工图阶段以增加项目经济效益为目的的创效活动。

（2）商务管理体系贯穿“全生命周期”的管控原则

商务管理是一项复杂的系统工程，是一条贯穿营销、施工、结算全过程的价值创造链条和管控体系，是一项全员参与、全过程、全方位管理的工作。主要体现在“内控”和“外创”两大商务管控的主线，贯穿和作用于项目“全生命周期”，紧紧围绕“降本增效，提高收益”来开展工作。

（3）商务管控实行“三分离”的核算原则

不断研究和探索商务管控的管理层与作业层相分离、收入与支出相分离、合同清单与责任成本相分离的“三分离”成本管控原则。管理层负责顶层设计和考核监督，作业层负责执行落实，二者分离有利于区分管控职能，厘清经济责任;“收支两条线”，二者既要分开归集，又要对应核算，是成本核算的主要内容;“价本分离”是实施工程项目成本管理的基础，也是理顺项目经营、生产、商务等管理的重要依据。

（4）项目以成本管理为中心的“目标责任制”原则

开展目标责任成本管理是现代企业管理最基本的需要；是解决项目效益低下、分配上吃大锅饭问题的需要；是由静态管理变为事前预测、事中监控、事后考核三者兼有的动态管理的需要。因此，以控制成本、提高企业收益率为主线，通过目标成本的控制和终极责任制的落实，多方面培育低成本竞争优势，进而达到提高企业竞争力和收益率的目的。

## 商务管理要点

企业商务管理紧紧围绕“降本增效”主题，以控制成本、增加创收、提高企业收益率为主线，以落实企业规章制度、项目经济运行监管和考核兑现为手段，加强责任成本管理队伍建设，实现责任成本管理的信息化、程序化和目标化。主要工作要点是:

（1）优化商务管理制度，完善商务管理体系；做好商务管理的顶层设计，简化工作流程和程序格式等。

（2）持续提升人员素质，提高培训交流质量；在人才培养的数量和质量上下功夫，加强商务管理工作的主观能动性。

（3）强化目标责任管理，明晰各方岗位职能；合理划分责任中心，层层传递责任，努力打造“人人管成本”的管控氛围。

（4）搭建信息管理平台，发挥数字管控优势；在信息化推广应用基础上，实现管理升级。

（5）提升精准策划水平，强化创效结算能力；创新完善企业成本定额水平，建立企业低成本竞争优势。

## 项目责任成本管理要点

项目成本管理是以责任预算为对象，以责任者为主体，以利益为驱动，以合同为载体，以奖罚为手段，动态调整，互动连锁的开源节支机制，主要工作要点是：

（1）创效前置，配合标前测算，预埋项目开源创效伏笔;提倡营（销）商（务）结合，共同研判和争取项目前期的开源创效工作。

（2）精准策划，编制责任预算，明确项目成本管控目标；项目上场三个月之内编制完成责任预算和签订《项目目标责任书》。

（3）建章立制，固化格式流程，建立项目成本管控体系；在企业商务管理框架内完善项目《责任成本管理实施细则》，指导项目成本管理工作。

（4）预算分解，明确岗位职责，细化项目成本管理责任；中心划分在先，预算分解随后，按中心定岗位，按岗位扛指标，落实责任制。

（5）推进变更，加强创效力度，争取扩大项目利润筹码；基础设施项目开源节流，提高收入和含金量，是项目成本管理的主要目的和方向。

（6）过程核算，结合考评奖罚，检验项目成本控制水平；防止成本分析流于形式，发现问题及时纠偏，考核兑现公平、合理，是过程核算需注意的事项。

（7）整改落实，纠正管控偏差，保护项目成本管控成果；针对成本超耗等，一方面提高技术水平降耗，另一方面加强现场管控止损。

（8）确保收入，注重计量结算，提高产值营收确权力度。结算工作要树立"开工即结算""结算似营销"的理念；同时，在行业规则、沟通技巧、结算资料等方面也要下功夫。

项目商务"全生命周期"管理架构见图1-1。

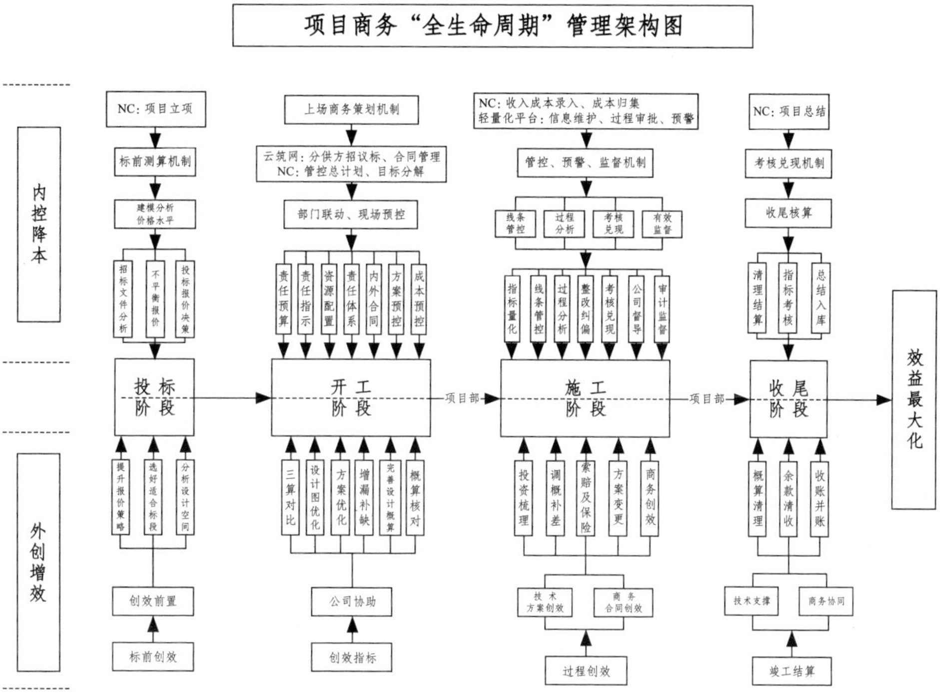

图1-1 项目商务"全生命周期"管理架构图

# 商务成本

Business and
Cost Management of
Construction Enterprises

# 第二篇 商务管理体系建设

# 02 体系

## 商务体系与流程管理

企业商务流程管理原则，纵向从投标阶段到结算收尾阶段，横向为内控成本和外创效益进行管理；体系实施不但要从纵向深度上延伸挖掘，更要从横向宽度上拓展创新。

**商务管理体系建设**

**商务流程管理**

# 商务管理体系建设

商务管理是一项上下协同、部门联动、全员参与、全过程、全方位管理的工作，各级单位应建立领导小组、健全组织机构，明确责任分工，完善管理制度，固化业务流程，细化管理目标，强化管理监控，及时考评兑现，商务成本管理体系包括：组织体系、制度体系、目标体系、监督体系、考评体系等。商务管理体系见图 2-1。

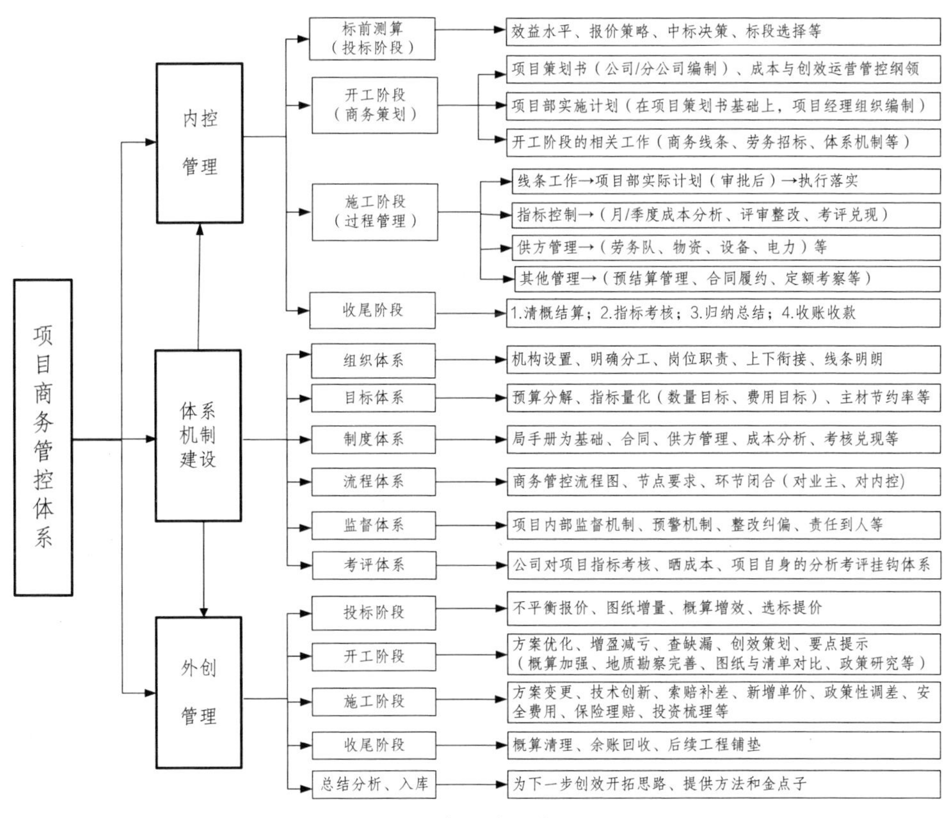


**图 2-1 商务管理体系图**

## 1. 组织体系

商务管理实行集团（局）、公司（分公司）、项目部三级管理体制。

集团（局）作为商务管理**管控层**。成立商务管理领导小组。组长由董事长、总经理担任，副组长由分管商务领导担任，成员由有关业务部门总经理组成。主要职责是：贯彻执行上级公司商务管理相关规定，制定集团（局）商务管理工作中长期规划，建立健全集团（局）商务管理体系，监管全集团（局）商务管理工作。

公司作为商务管理**监管层**。公司承担项目商务管理主体责任，其管理领导小组组长由公司董事长、总经理担任，副组长由分管商务领导担任，成员由有关业务部门经理组成。主要职责是：贯彻执行上级单位商务管理的相关规定，建立健全公司商务管理体系；制定商务管理制度和办法；确定公司与所属单位经济关系，理清经济责任；作为项目成本预控的责任主体，负责制订新上场项目责任成本预控具体方案并实施过程监督；负责项目成本过程管控。

项目部作为商务管理**执行层**。承担项目成本控制主体责任。

首先，成立以项目经理为组长的责任成本管理领导小组，并配置一名项目副职领导分管成本工作，成员由项目领导、相关业务部门经理组成。主要职责为：执行上级单位责任成本管理的相关规定；参与本项目成本预控实施方案的制订并组织实施，是成本预控实施方案的执行责任主体；制定责任成本管理实施细则和各项规章制度，建立项目责任成本管理体系，划分责任中心，审定项目责任中心预算，负责过程控制，定期组织成本分析，实施考核兑现。

其次，要遵循现行项目管理体制并按可以控制、可以量化和避免交叉的原则及时划分责任中心。责任中心划分的确定也属于项目部责任成本组织机构范畴。责任中心是项目责任成本管理的执行层，主要负责本中心责任预算控制、下一级中心预算分解、提出本中心具体奖惩方案等。组织机构见图 2-2。

### 2. 目标体系

（1）各公司应依据企业发展战略目标，以发展愿景、经济运行、精细管理等内容为重点，分阶段编制年度成本管理目标。

1）成本管理经济运行目标包括运行效率和管控效果目标，主要由产值利润、职工收入、成本（费用）节超、上交款等构成。

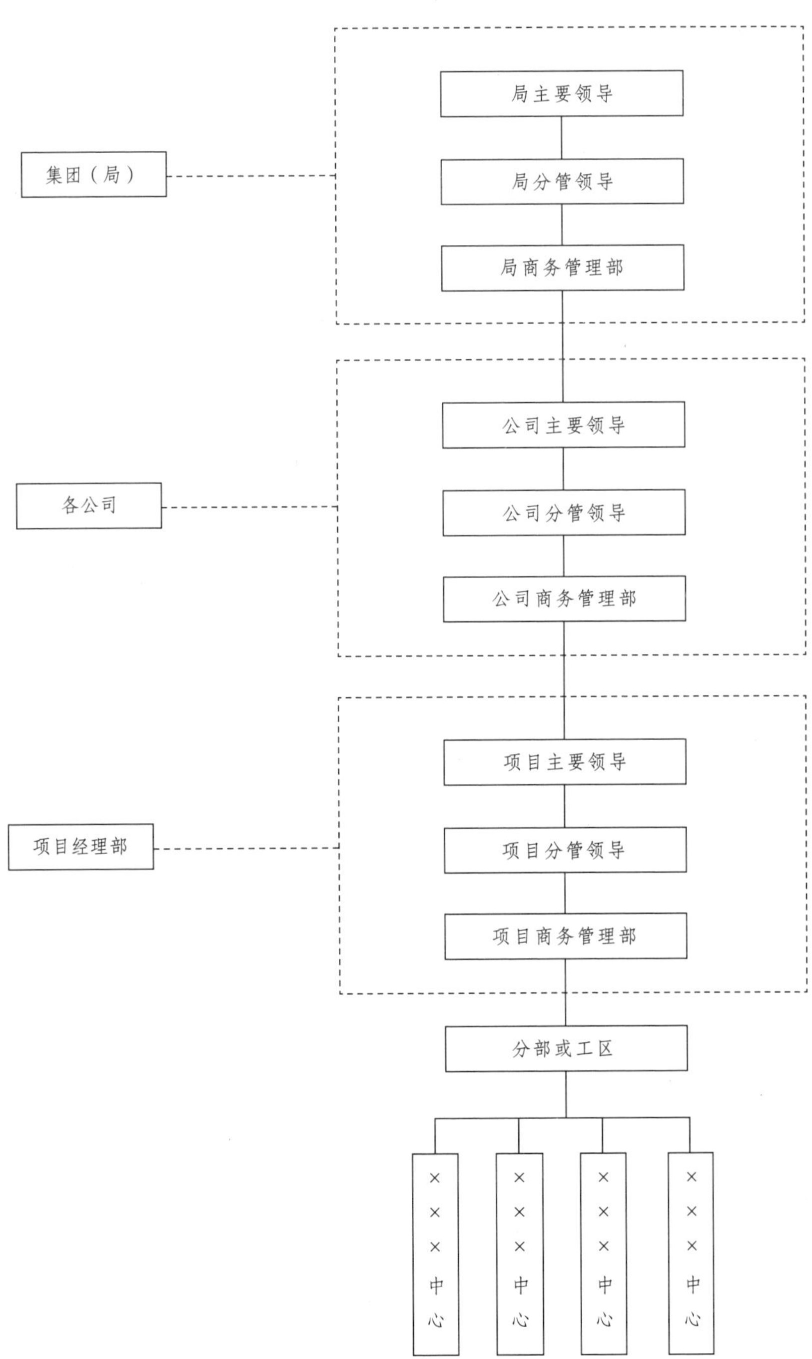
局主要领导
局分管领导
局商务管理部
集团（局）
公司主要领导
公司分管领导
公司商务管理部
各公司
项目主要领导
项目分管领导
项目商务管理部
项目经理部
分部或工区
×××中心
×××中心
×××中心
×××中心

**图 2-2　组织机构图**

2）成本管理精细管理目标包括专业发展、基础工作达标、工程量、劳务、物资、机械、临时工程等管理模式。

（2）各公司确立项目成本管理目标应以“两挂钩”为核心，即：公司向项目部收取的上交款与项目责任预算总额挂钩，职工收入与责任预算执行效果挂钩。

（3）按照“收支分算”原则，公司根据项目实际情况，编制项目责任预算，以责任书或批复文件等形式确定项目收入预算目标，强化项目成本支出预算目标。

（4）按照“量价分管”原则，项目部结合现场实际将项目责任预算进行分解，以责任书等形式确定责任工程数量、材料数量、机械工作量控制目标；项目部依据公司指导价，结合现场实际控制项目劳务分包、材料采购、机械租赁价格。

（5）按照“成本分类”原则，项目部结合现场实际将项目责任预算进行分解，确定劳务费、材料费、机械设备费、临时工程费、现场管理费、税费等控制目标。

### 3. 制度体系

在遵循“执行上级商务管理规定;全面规范，科学合理，简单实用，便于操作；动态调整，不断完善”的原则上建立健全商务管理制度。

制度体系主要包括：岗位成本责任制、工程项目成本预控、合同交底、责任预算编制、工程数量控制、劳务成本控制、物资成本控制、机械成本控制、临时工程成本控制、管理成本及税费控制、变更索赔、收尾项目控制、责任成本核算、责任成本监控、考核评价、档案管理等办法和制度。

### 4. 监控体系

（1）各级应按照“监控与考评结合、过程与结果结合、帮扶与追责结合”的原则，建立和完善责任成本管理监控体系。

（2）责任成本管理监控体系包括成本监察、财务审计监督、纪检监察和综合检查体系。

### 5. 考评体系

（1）遵循“逐级负责、突出创效、分类考核、注重公平”的原则，建立集团

（局）、公司、项目部三级责任成本考评体系。

（2）集团（局）负责公司、直管项目的责任成本管理考评，坚持“突出创效，价值引导;贡献优先，兼顾效率;突出任期，注重过程;分类考核，注重公平”的理念，重点考评各单位的运营效率和运营质量，考核评价情况纳入各单位负责人绩效考核范畴。

（3）公司应结合自身管理特点完善对所属项目部的责任成本管理考评机制，考评办法应综合、科学、客观、易于操作，以业绩考核和效益工资兑现相结合进行考评。

（4）项目部责任成本管理考评主要是项目部对各责任中心的考核兑现，遵循“作业层重干，管理层重管”的理念，达到企业增效、员工增收的目的。

## 商务流程管理

### 1. 广义商务管理流程

广义的商务管理，流程包括 4 个阶段 22 个环节：

一是标前阶段，包括项目选择、标前测算和报价策略 3 个环节。

二是开工前阶段，包括工程量预控、方案预控、单价预控、责任预算编制和效益策划 5 个环节。

三是施工阶段，包括二次分解、工程数量控制、临建成本控制、劳务成本控制、材料消耗控制、机械成本控制、管理费用控制、变更补差索赔、成本核算分析、过程考核兑现 10 个环节。

四是竣工收尾阶段，包括竣工决算、销户并账、余款清收、终期考评 4 个环节。

### 2. 管理流程

“量价分离、价格上移，细化责任、明确目标，流程控制、定期分析，过程考核、任期考评”是全集团（局）商务管理的中心。就工程项目而言，有效的管理流程为：

（1）建体系

即建立责任成本管理体系。建立体系就是要确立责任成本管理总体思路，通俗地讲，就是要明确哪些人管、管什么、怎么管。项目责任成本管理体系，至少包括组织体系（含责任中心）、制度体系和流程体系等。

（2）定目标

即编制责任预算。责任预算是责任主体的管控目标，是落实成本管理的核心指标。常见的预算分类有两种：按预算的性质，可以分为收入预算和成本预算；按预算的范围，可以分为项目预算和中心预算。

（3）控过程

即实施过程管控。过程控制是保证项目责任成本正确运行并取得较好预期收益的重要机制，是责任成本管理的重点阶段。过程控制的主要内容有方案优化、工程数量控制、临建成本控制、劳务成本控制、材料消耗控制、机械成本控制、征拆费用控制、管理费用控制、变更补差索赔、成本核算等。

（4）纠偏差

即定期成本分析并有纠偏方案。它是保障项目成本控制有序运行，实现成本控制目标的有效手段。纠偏差主要包括三个步骤，达到三个目的。

一是推行“月重点、季全面”成本分析制度，明确盈亏。所谓月重点，就是项部目每个月要对当期的工程量、材料量以及工期和安质成本进行盘点与节超分析，并制定纠偏措施。所谓季全面，就是工程公司和项目部每个季度要对当期的收入、成本、资金等经济状况进行综合剖析，查找差异并制定整改方案。

二是剖析成本节超的原因，明晰盈亏责任。通俗地讲，就是要知道什么原因引起的盈亏，是责任中心主观控制不力所造成，还是外部客观因素所致。

三是要制定有针对性的整改措施，并跟踪检查整改的进展及整改效果。通俗地讲，就是要有改进的措施办法并且整改要有效。

定期分析本属于过程管控的范畴，之所以单独作为成本管理的一个流程来讲，就是要凸显它的重要性和迫切性，因为不能及时发现问题和发现了问题整改不彻底，是目前企业责任成本管理的主要短板。

（5）兑承诺

即按时考核兑现。“天下之治，奖罚而已”，企业也是如此。公平、合理的奖罚是责任成本管理持续进行并不断深化的原动力，是成本管理的重要杠杆。通过成本管理促进薪酬分配改革，让员工既要有生存安全感，有固定收入；又要有责任感，多劳多得；还要有荣誉感，体现价值。

### 3. 业务流程

施工方案优化流程见图 2-3，责任预算编制流程见图 2-4，责任预算调整流程见图 2-5，工程数量控制流程见图 2-6，劳务结算流程见图 2-7，物资消耗流程见图 2-8，混凝土加工供应流程见图 2-9，钢筋集中加工供应流程见图 2-10，项目定期成本分析流程见图 2-11。

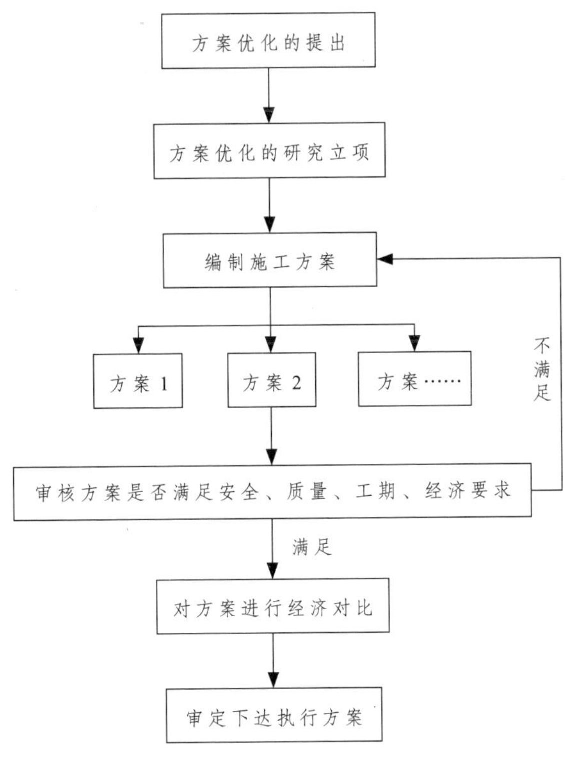


**图 2-3 施工方案优化流程图**

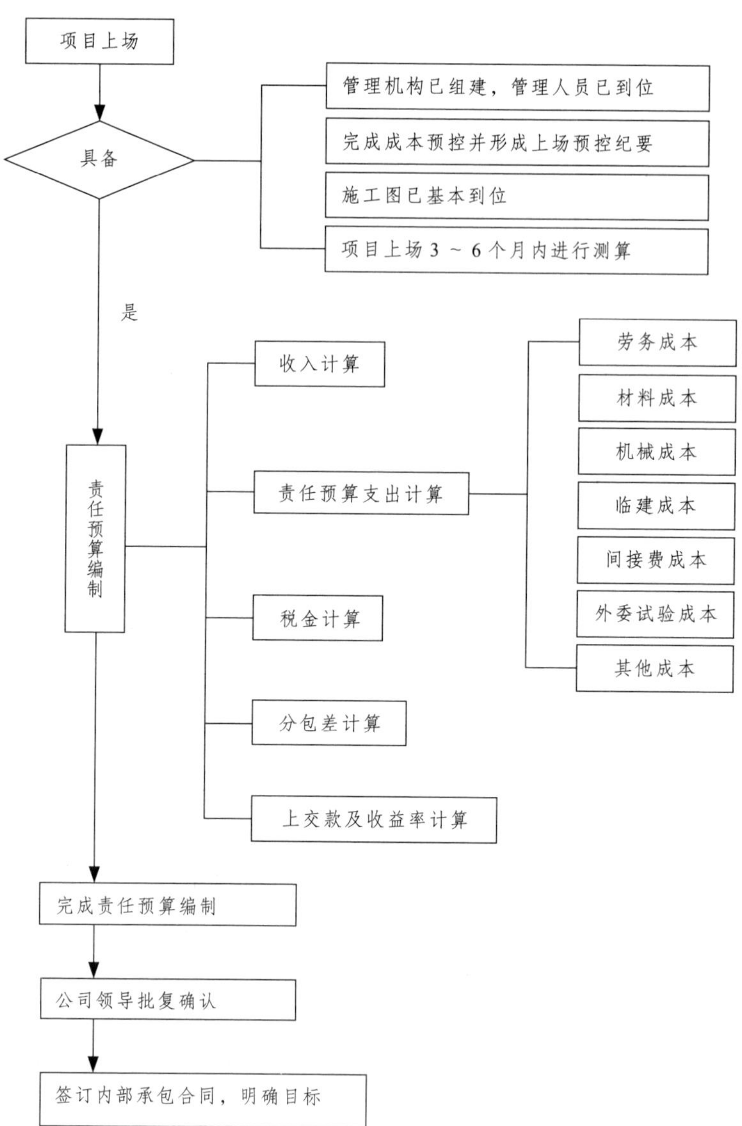


图 2-4　责任预算编制流程图

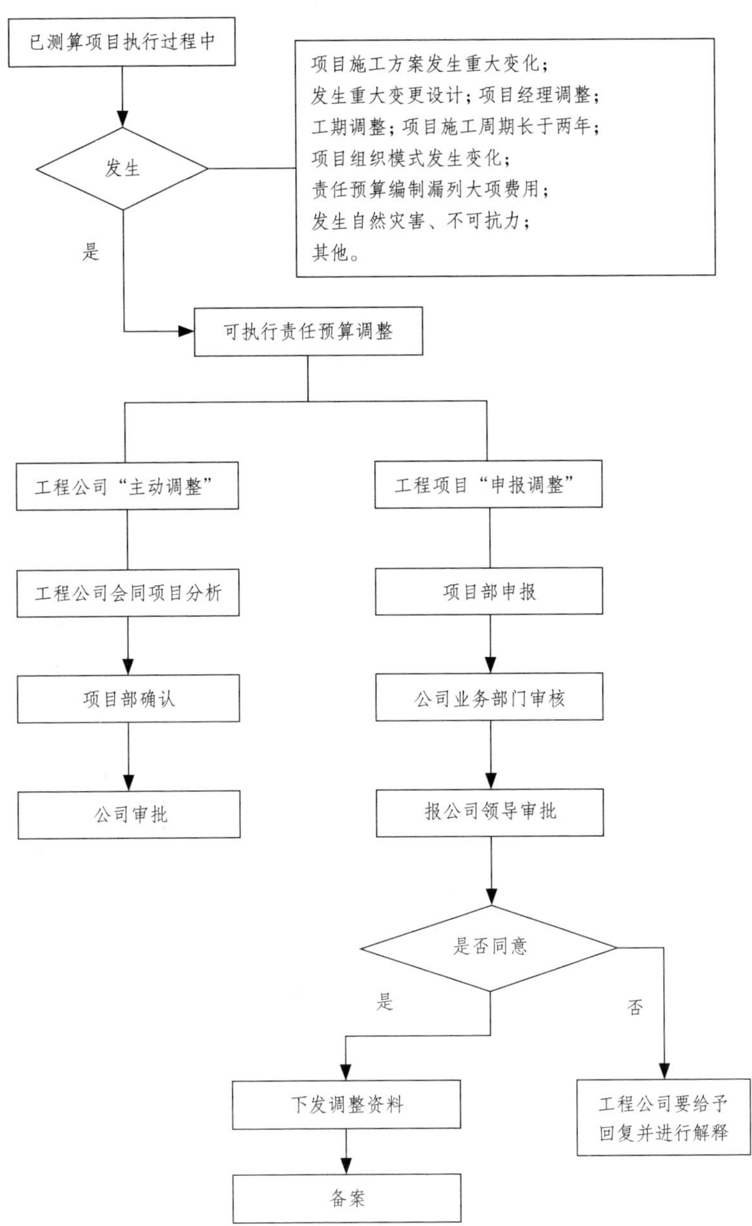


图 2-5　责任预算调整流程图

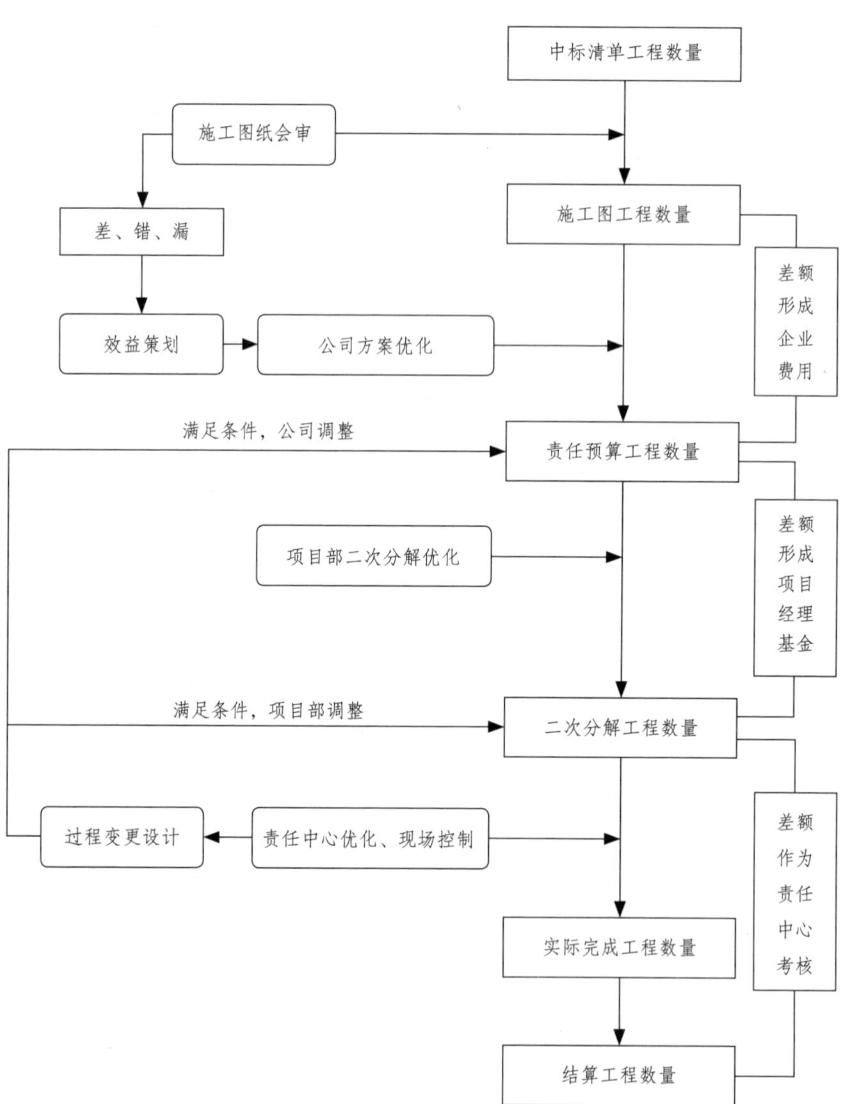


**图 2-6　工程数量控制流程图**

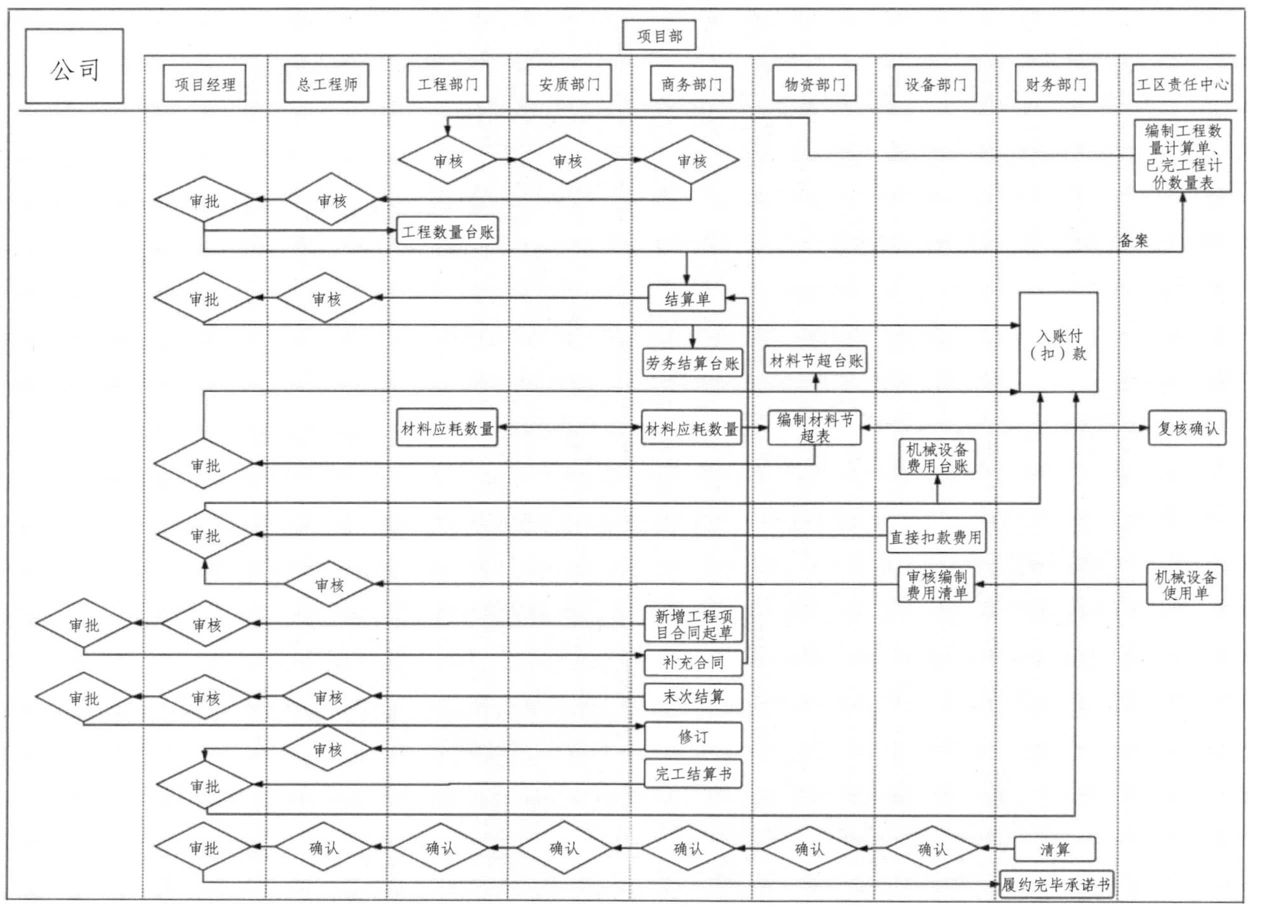
公司
项目部
项目经理
总工程师
工程部门
安质部门
商务部门
物资部门
设备部门
财务部门
工区责任中心
编制工程数量计算单、已完工程计价数量表
审核
审批
工程数量台账
备案
结算单
劳务结算台账
材料节超台账
入账付（扣）款
材料应耗数量
编制材料节超表
复核确认
机械设备费用台账
直接扣款费用
审核编制费用清单
机械设备使用单
新增工程项目合同起草
补充合同
末次结算
修订
完工结算书
确认
清算
履约完毕承诺书

图 2-7 劳务结算流程图

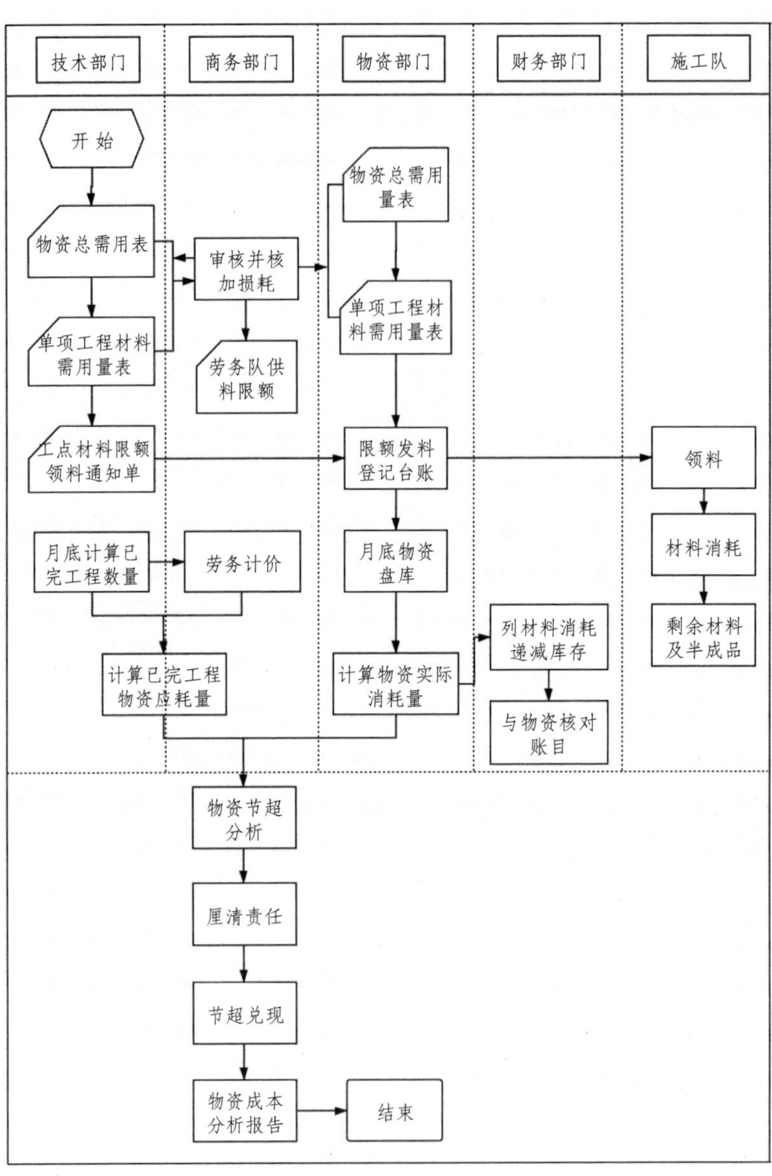
技术部门
商务部门
物资部门
财务部门
施工队
开始
物资总需用表
审核并核加损耗
物资总需用量表
单项工程材料需用量表
劳务队供料限额
单项工程材料需用量表
工点材料限额领料通知单
限额发料登记台账
领料
月底计算已完工程数量
劳务计价
月底物资盘库
材料消耗
剩余材料及半成品
列材料消耗递减库存
计算已完工程物资应耗量
计算物资实际消耗量
与物资核对账目
物资节超分析
厘清责任
节超兑现
物资成本分析报告
结束

图 2-8　物资消耗流程图

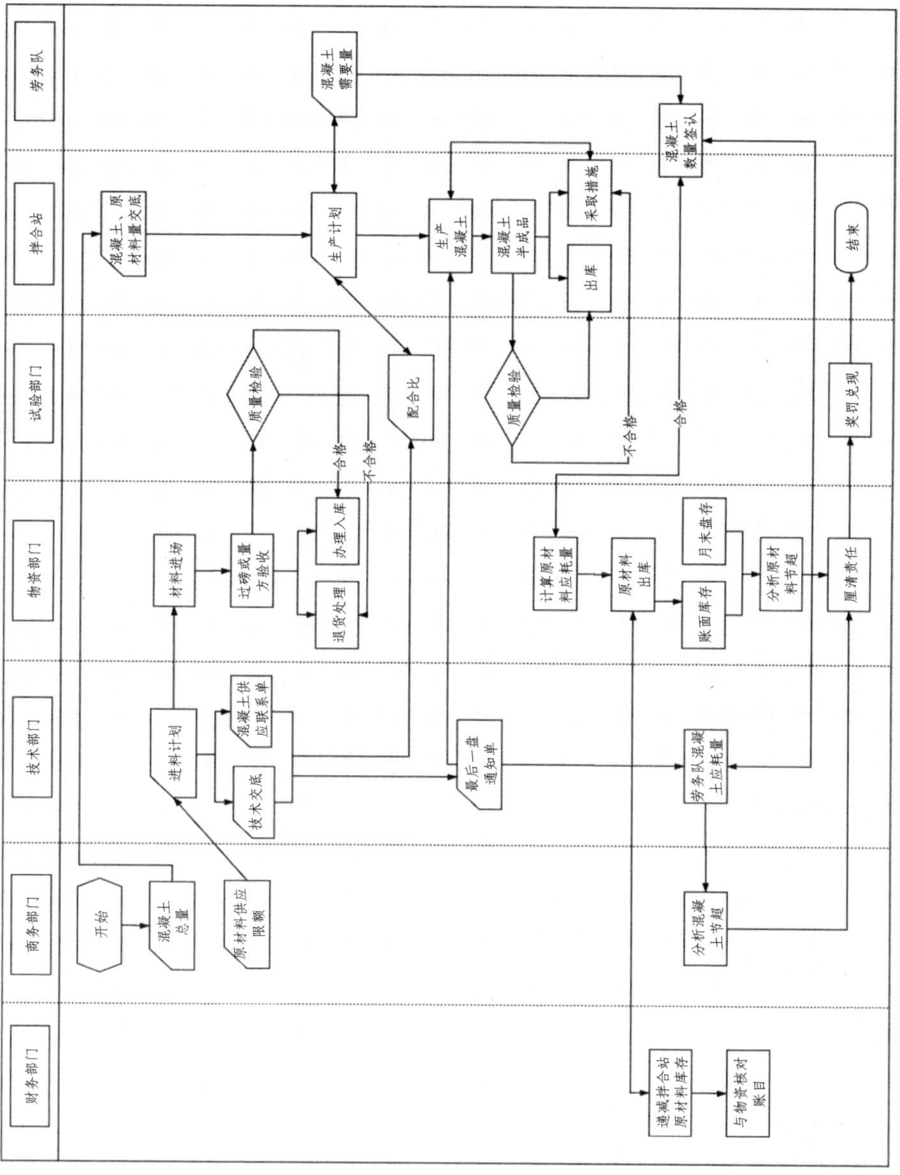


**图 2-9 混凝土加工供应流程图**

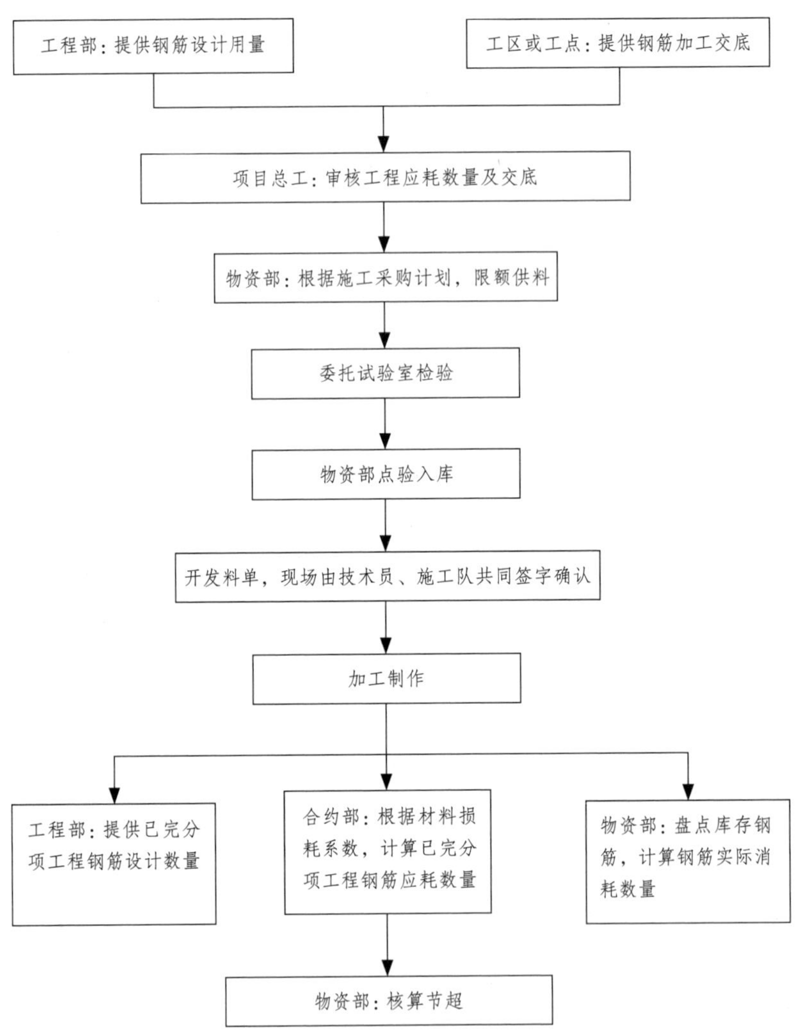


图 2-10 钢筋集中加工供应流程图

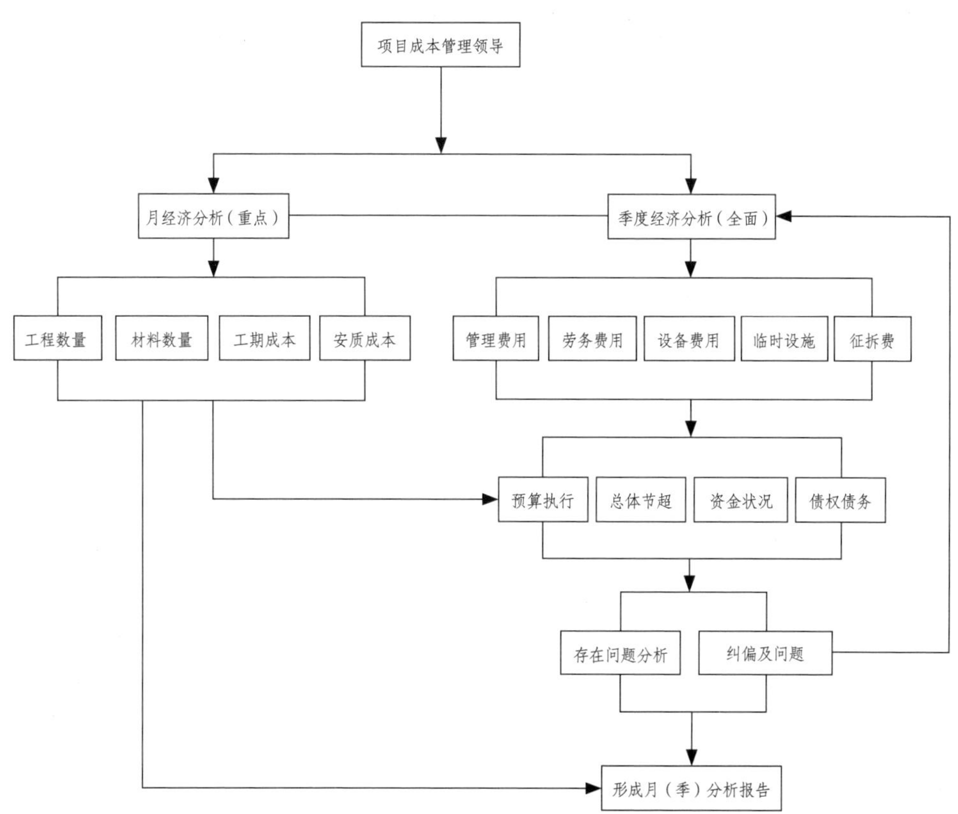


**图 2-11　项目定期成本分析流程图**

# 03 责任

## 企业商务管理职能划分

企业商务管理职能划分主要是明确集团（局）、公司、项目三个层级之间的管理职能、业务范围、协同关系、工作职责，始终保持商务管理体系顺畅，充分发挥管理的主观能动性。

**目标责任的层级管理**

**商务策划的层级管理**

**成本控制的层级管理**

**结算推进的层级管理**

**商务管控的综合层级管理**

## 目标责任的层级管理

集团（局）：审批特定项目目标责任书；检查所属单位目标责任制签订情况；检查目标考核兑现情况。

公司：项目目标测算与确定；项目目标责任书签订；项目考核兑现。

项目部：参与项目目标测算与确定；项目目标责任书签订与分解；按要求报送项目考核兑现资料。

## 商务策划的层级管理

集团（局）：审批特殊项目商务策划；组织企业商务策划交流；检查商务策划落实；指导签证索赔。

公司：编制项目商务策划；组织商务策划交底；审批商务策划兑现；指导签证索赔。

项目部：参与编制商务策划；负责商务策划分解；申报商务策划兑现；办理签证索赔。

## 成本控制的层级管理

集团（局）：搭建成本管理信息化交流平台；组织本单位层面经济活动分析。

公司：组织项目成本测算；检查项目成本控制落实；组织本单位成本分析；负责项目成本考核。

项目部：参与成本测算；落实成本控制；项目成本分析；项目部各费用中心成本考核。

## 结算推进的层级管理

集团（局）：负责统计本企业产值确认情况；审批特殊项目结算书；检查结算责任书签订情况；检查结算完成情况；通报季度结算完成情况；监督检查结算考核兑现情况。

公司：指导编制施工图预算、指导过程结算及收款、牵头成本锁定、牵头结算策划、指导结算报送、季度统计结算情况、结算兑现审核、分包结算审核审批等。

项目部：编制施工图预算、过程结算及收款、成本梳理、结算策划、结算报送、定审、结算总结及成本还原、申报结算兑现、办理分包结算等。

## 商务管控的综合层级管理

集团（局）层面商务管控相关工作见表 3-1，公司层面商务管控相关工作见表 3-2，项目层面商务管控相关工作见表 3-3。

**集团（局）层面商务管控相关工作　　表 3-1**

| 序号 | 主要工作 | 主要做法 | 主要内容 | 主要目的 | 相关制度办法 | 备注 |
|---|---|---|---|---|---|---|
| 集团（局）层面职能界定 | | 集团（局）为企业商务管理的管控层，负责顶层设计，管理体系，运行机制，操作模式的建立；负责办法、制度和经济政策的制定，对二级公司下达开源创效和成本控制指标，以及相关线条业务、理念和协调能力的培训。主要职责：（1）制定工作规范和目标责任书；（2）审批特殊项目商务策划；（3）规范基础工作程序和标准；（4）定期组织验收和评比；（5）统一成本价格标准；（6）不断推进管理和创新；（7）预控帮扶和检查督导；（8）审批特殊项目结算书；（9）推动商务管理工作有序开展 | | | | |
| 一 | 内控降本工作 | 1. 出台责任成本管理工作规范 | 属于商务管理的顶层设计，明确成本管理的管理体系建立、组织架构建设，成本预控（策划），过程成本控制、核算及监控，考核评价、收尾项目成本控制等 | 规范企业商务管理工作，提高企业标准化、制度化、流程化管控水平 | 《责任成本管理工作规范》 | 工作大纲 |

续表

| 序号 | 主要工作 | 主要做法 | 主要内容 | 主要目的 | 相关制度办法 | 备注 |
| --- | --- | --- | --- | --- | --- | --- |
| 一 | 内控降本工作 | 2.《企业定额》和指导单价 | 施工定额水平测定、收集、汇总、分析、成册、配合编制直接成本费用软件、配套生成平均指导单价等 | 1. 体现施工企业整体施工水平；<br>2. 提高责任预算编制的准确性；<br>3. 评估责任成本控制的好坏程度；<br>4. 内部各单位成本管控考核统一评比标准 | 《成本定额》成册，预算定额编制软件（直接成本预算的编制和分解） | 工作标准 |
| | | 3. 目标责任管理 | 审批特定项目目标成本责任书 | 检查所属单位目标责任制签订情况；检查目标考核兑现情况 | 《目标责任管理办法》 | 工作督导 |
| | | 4. 商务策划管理 | 审批特殊项目商务策划 | 组织本单位商务策划交流；检查商务策划落实；指导签证索赔 | 《商务策划管理办法》 | 工作督导 |
| | | 5. 成本管控的督导 | 半年一次的“成本考核”活动 | 检查、验收、评比各直营项目部、二级公司对集团（局）商务线条各类管控制度的落实情况和执行效果，及时纠偏和整改 | 《成本管理督查制度》 | 工作督导 |
| | | 6. 成本管控的培训 | 主要针对企业二级公司和各直营项目部的总经济师和商务经理进行业务、能力、素质培训 | 提高商务战线的整体素质和业务能力 | 分内部培训和委外培训两种。课件和案例以及标杆项目交流的形式结合 | 工作培训 |
| | | 7. 结算推进管理 | 负责统计本单位产值确认情况；审批特殊项目结算书 | 检查结算责任书签订情况；检查结算完成情况；通报季度结算完成情况；监督检查结算考核兑现情况 | 《结算管理办法》 | 工作督导 |
| 二 | 外创增效工作 | 1. 制定工程项目创效管理办法 | 明确变更索赔组织体系，各自职责，规范标准、阶段发力，策划督导、工作流程和交底以及跟踪落实等制度 | 强化企业变更索赔的整体协调能力和系统化，合理分配资源，规避风险 | 《创效管理办法》 | 按季度或年度审批 |

续表

| 序号 | 主要工作 | 主要做法 | 主要内容 | 主要目的 | 相关制度办法 | 备注 |
|---|---|---|---|---|---|---|
| 二 | 外创增效工作 | 2. 制定工程项目变更索赔考核兑现办法 | 明确各级责任人考核指标、风险抵押、评比评分，绩效考核，先进评选、奖励方式等内容 | 变更创效的激励机制 | 《创效管理办法》 | 按季度或年度审批 |
| | | 3. 下达变更创效指标 | 根据上一年度完成计划情况，结合项目、区域及专业化特点，对二级公司和直营项目部下达年度变更创效指标(额度指标和利润指标) | 变更创效的指标性和目的性的明确 | 《创效责任状》 | |
| | | 4. 政策研读和创效培训 | 相关部委及地方政策研读，业主合同评审，组织案例及理念培训等 | 提升业务人员的专业知识和业务能力。解决思路不广，经验不足，迈不开步伐的问题 | 分内部培训和委外培训两种。课件和案例以及标杆项目交流的形式结合 | |
| | | 5. 派驻区域性变更创效人员分片负责制 | 加强各区域及设计院联系人员的相对稳定性，确保各线条人员的熟悉 | 集中优势、规避风险、减少投入、专职负责、指标量化 | 对各区域人员有单独的考核机制 | |
| 三 | 其他经济管控工作 | 1. 业主合同管理 | 主要为业主合同的评审，分包方合同管理权限在二级公司 | 1. 备案制；2. 规避风险；3. 合同交底；4. 研究创效思路 | 集团（局）相关线条管理 | 其他相关的经济管控方式 |
| | | 2. 企业利润收取 | 下达二级公司和各直营项目部管理费指标和收取管理办法 | 确保企业收益水平和企业稳步发展 | 《关于明确工程项目收益分成标准的通知》 | |
| | | 3. 资金集中管控 | 所有项目资金集中管控 | 信息化管控 | 财务部实施 | |
| | | 4. 劳务队准入和评价 | 主要针对劳务队的录用和审核，评价，建立“黑名单”制度 | 信息化管控 | 《劳务管理办法》 | |

续表

| 序号 | 主要工作 | 主要做法 | 主要内容 | 主要目的 | 相关制度办法 | 备注 |
|---|---|---|---|---|---|---|
| 三 | 其他经济管控工作 | 5. 各项经济技术指标的考核兑现 | 主要针对二级公司和直营项目部领导的抵押返还和考核排名等 | 加强企业指标性管控和比较，不断提高管控水平 | 年度工作会期间的“晒指标”和奖励处罚等 | 其他相关的经济管控方式 |

**公司层面商务管控相关工作** **表 3-2**

| 序号 | 主要工作 | 主要做法 | 主要内容 | 主要目的和方法 | 相关制度办法 | 备注 |
|---|---|---|---|---|---|---|
| 二级公司层面职能界定 | | 公司层面为商务管理的监管机构，主要职责：(1) 制定实施政策，厘清项目部与企业的经济关系；(2) 督导项目标前创效和过程创效；(3) 督促落实项目部的经济责任；(4) 编制项目责任预算，下达项目各项经济管控指标；(5) 目标责任管理；(6) 商务策划管理；(7) 负责项目成本效益的全过程监督；(8) 对各项目成本效益管理责任的履行能力进行奖惩兑现；(9) 结算推进管理 | | | | |
| 一 | 内控降本工作 | 1. 项目责任成本管理 | 在集团（局）成本管理规范的指导和要求下，出台公司《责任成本管理办法》明确成本管理的管理体系建立、组织架构建设，责任预算编制、过程成本控制、核算及监控，考核评价、收尾项目成本控制等 | 规范全公司商务管理工作，统一按照集团（局）标准化、制度化、流程化、信息化来执行落实 | 《责任成本管理办法》 | 工作大纲 |
| | | 2. 目标责任管理 | 项目目标测算与确定；项目目标责任状签订；项目考核兑现 | 督促项目各项指标确认，及时签订目标责任状 | 《目标责任管理办法》 | 工作指导 |
| | | 3. 项目上场预控策划 | 包括责任预算编制、要素配置、临建施工方案等，落实“双预控”，即“开源创效预控”和“成本内控预控”，明确综合责任指标和细目指标，签订“项目管理责任书” | 协助项目规划成本管控和创效思路，以及预算指标的交底和分解，确保项目收益和导向思路“不走偏” | 《责任预算编制办法》《项目管理责任状》《落实项目“预控”办法》《项目临建工程管理办法》 | 预控机制 |

续表

| 序号 | 主要工作 | 主要做法 | 主要内容 | 主要目的和方法 | 相关制度办法 | 备注 |
|---|---|---|---|---|---|---|
| 一 | 内控降本工作 | 4. 项目综合管理绩效考核 | 主要就是针对项目“预算指标”执行情况和“创效指标”执行情况的考核办法 | 以制度和合同的方式，确保企业收益，按月汇总，按季度“晒成本”比较并进行通报 | 《项目综合管理绩效考核办法》 | 考核机制 |
| | | 5. 成本管控督导的线条检查机制 | 督促项目月成本分析和晒成本工作，公司督查组分片包保；汇总分析及预警机制等 | 督促项目月成本分析，及时发现成本失控苗头（预警），及时整改纠偏 | 《成本管理督查制度》《月成本分析制度》《晒成本标准样表》 | 督导及预警机制 |
| | | 6. 分包方或劳务队伍的管控 | （1）劳务队正常业务办理 | 1. 在集团（局）分包方库及评价、定级等；2. 招标比选；3. 合同谈判；4. 结算审批；5. 考核评价 | 《劳务管理办法》 | 分包方或劳务队管控 |
| | | | （2）源头上防范扯皮风险 | 1. 队伍风险评估；2. 外部队伍在公司内部的项目份额或合同额总量控制；3. 风险队伍的任务划分布集团（局）策划；4. 劳务承包模式的选择；5. 其他方式拒绝入围等 | 1. 黑名单或风险队伍坚决不用；2. 劳务队伍在公司内项目份额不得超过3个；3. 关系队伍，任务安排以对整体施工不形成威胁布集团（局）为准；4. 劳务队伍不得采取“包工又包料包机械”的承包模式；5. 原则上不录用当地队伍；6. 采取委婉方式拒绝关系队伍的进入 | |

续表

| 序号 | 主要工作 | 主要做法 | 主要内容 | 主要目的和方法 | 相关制度办法 | 备注 |
|---|---|---|---|---|---|---|
| 一 | 内控降本工作 | 6. 分包方或劳务队伍的管控 | （3）劳务队中途退场或更换处理 | 1. 依据合同和法律法规办理；2. 讲究方式方法；3. 尽量及时处理；4. 根据不同情况采取“结、转、拖、压、抓”等方式；5. 追究责任人 | 根据实际情况办理，1. 办理结算或转场；2. 策略性结算；3. 态度蛮横影响施工的，依靠地方公检法实施维权，走法律途径 | 分包方或劳务队管控 |
| | | 7. 成本管控的培训 | 主要针对项目的总经济和商务经理进行业务、能力、素质培训 | 提高商务战线的整体素质和业务能力 | 主要以内部培训和交流学习为主 | 工作培训 |
| | | 8. 结算推进管理 | 指导编制施工图预算、指导过程结算及收款、牵头成本锁定、牵头结算策划编制、指导结算报送及定案、季度统计结算情况、结算兑现审核、分包结算审核审批等 | 督促项目尽快完成结算策划编制及结算书上报 | 《结算管理办法》 | 工作指导 |
| 二 | 外创增效工作 | 1. 制定公司工程项目变更索赔管理办法 | 明确变更索赔组织体系，各自职责，规范标准、阶段发力，策划督导、工作流程和交底以及跟踪落实等制度 | 强化全公司变更索赔的整体协调能力和系统化，合理分配资源，规避风险 | 《变更索赔管理办法》 | 在公司总经济师领导下，和上级对口成立专门的“合约管理部”负责 |
| | | 2. 制定项目变更索赔考核兑现办法 | 明确各级责任人考核指标、风险抵押、评比评分，绩效考核，先进评选、奖励方式等内容 | 变更创效的激励机制，按照年度进行考核兑现 | 《变更索赔考核兑现办法》 | |
| | | 3. 明确项目创效指标 | 根据项目特点和策划，下达项目变更创效责任指标 | 一般创效额不低于5%，利润率不低于8% | 《项目变更创效责任书》 | |

续表

| 序号 | 主要工作 | 主要做法 | 主要内容 | 主要目的和方法 | 相关制度办法 | 备注 |
|---|---|---|---|---|---|---|
| 二 | 外创增效工作 | 4. 变更创效工作的强化（专家组督导帮扶） | 公司抽调专家成立“变更创效督导组”，负责全公司变更创效的督导和推进工作，负责对接企业区域负责的责任人 | 主要针对项目创效人员年轻化、思路窄、步子迈不开的特点，强化小组帮扶 1. 负责标前创效的筹划；2. 负责开工项目的创效策划和跟踪引导；3. 负责重点项目的创效包保，要抵押扛指标；4. 负责公司所有项目的创效帮扶，覆盖率 80% 以上 | 签订《创效包保责任书》，达标按抵押金的倍率奖励，不达标扣除抵押金 | 在公司总经济师领导下，和上级对口成立专门的“合约管理部”负责 |
| | | 5. 变更创效四个阶段的把控 | 1. 投标阶段创效策划；2. 开工阶段创效策划；3. 施工阶段创效实施；4. 竣工收尾阶段概算清理、余款清收、收账结算等 | 做大做强项目创效收益（标段选择、伏笔埋设、报价策略、设计地勘、优化设计、蓝图增量、概算足额、三算对比、投资梳理、调概补差、索赔保险、概算清理等） | 变更创效各阶段工作思路及套路 | |
| | | 6. 变更创效的培训 | 培训业务、变更思路、创效理念、沟通能力，以及借力用力等 | 提升业务人员的专业知识和业务能力。解决思路不广，经验不足，迈不开步伐的问题 | 分内部培训和委外培训两种。课件和案例以及标杆项目交流的形式结合 | |
| 三 | 其他工作 | 1. 成立专业化公司 | 成立混凝土分公司(管片厂)、钻探分公司、机械化分公司、钢结构分公司等 | 发挥专业化优势，整合资源、集中管控，降低损耗；同时，有的公司对外营业和创收，比如管片厂、钻探公司和钢结构公司等 | 各自独立核算，公司按年度下达指标考核 | |
| | | 2. 审计、纪委过程监控 | 职能部门对经济线条的监督 | 防止成本管控过程的轨道偏离和人员腐化 | | 部门联动 |

续表

| 序号 | 主要工作 | 主要做法 | 主要内容 | 主要目的和方法 | 相关制度办法 | 备注 |
|---|---|---|---|---|---|---|
| 三 | 其他工作 | 3. 风险评估，部门联动 | 主要联合相关部门，对影响项目收益的因素进行评估和解决 | 注重工期成本，注重信誉和安全质量等 | | 部门联动 |
| | | 4. 定额考察和更新 | 特别是新工艺，新方法的定额考察和更新 | 及时将第一手资料报上级进行评审 | 企业定额的更新和维护 | |
| | | 5. 亏损项目的扭亏和整治 | 及时发现及时整改，并及时追究通报，警示作用 | 工作组蹲点、借力扭亏，吸取教训，反面教材 | 《亏损项目责任追究办法》 | 减亏扭亏 |
| | | 6. 主材优化节约（内控方面） | 如钢材的节余，审计风险的规避 | 在满足安全质量的前提下，合理优化，提高收益 | 主材节超挂钩考核 | 技术创效 |
| | | 7. 超耗材料的课题研究 | 针对混凝土 / 喷射混凝土超耗的专题研究 | 降低混凝土超耗比例 | 科研团队针对不同地域和项目，制定不同的施工方案和课题研究 | 科技创效 |

**项目层面商务管控相关工作** **表 3-3**

| 序号 | 主要工作 | 主要做法 | 主要内容 | 主要目的和方法 | 相关制度办法 | 备注 |
|---|---|---|---|---|---|---|
| 项目部职能界定 | | 项目部为责任成本管理和变更创效的执行层，主要负责责任体系的建立，实施责任算算的控制，目标是“实现责任目标和职工收入同增长”。主要职责：(1) 建立成本控制责任制；(2) 目标责任管理；(3) 商务策划管理；(4) 认真进行责任分解；(5) 落实各项管理制度；(6) 建立规范的成本管理流程；(7) 建立各类业务和考核台账；(8) 落实方案优化制度，认真落实方案预控；(9) 积极进行创效策划和开展创效活动；(10) 定期进行成本分析和考核兑现活动；(11) 结算推进管理 | | | | |
| 一 | 内控降本工作 | 1. 制定项目责任成本管理实施细则 | 明确项目成本管控体系和组织机构，职责定位，抓手工作，程序化，标准化建设等，做到体系完善、职责分明、思路清晰，沟通顺畅等 | 规范项目成本管控工作，统一按照集团（局）标准化、制度化、流程化、信息化来执行落实 | 《责任成本管理实施细则》 | 工作指南 |

续表

| 序号 | 主要工作 | 主要做法 | 主要内容 | 主要目的和方法 | 相关制度办法 | 备注 |
|---|---|---|---|---|---|---|
| 一 | 内控降本工作 | 2. 目标责任管理 | 参与项目目标测算与确定；项目目标责任状签订与分解 | 按要求报送项目考核兑现资料 | 公司《目标责任管理办法》《项目责任书》 | |
| | | 3. 商务策划管理 | 参与编制商务策划；负责商务策划分解；申报商务策划兑现；办理签证索赔 | 是项目实现责任利润目标的指导文件 | 公司《商务策划管理办法》 | |
| | | 4. 责任预算的“二次分解” | 针对公司责任预算和商务策划，细化各考核指标和控制标准，分工明确，“人人控成本，个个有指标”，并与各成本中心签订“责任指标控制责任书” | 按照责任中心细化和分解责任，并做好策划工作的部门交底工作 | 责任预算及策划资料的细化 | |
| | | 5. 认真进行“三算”（预算、目标、实际）对比 | 认真研究合同、招标文件及计量规范，对比施工图、业主清单和设计概算之间的差距 | 清理中标清单工程量、施工图数量和需要实际发生的工程量，为投资梳理和概算清理打下基础 | | |
| | | 6. 月（季）成本分析 | 按照公司“直线监控”办法和“月成本分析制度”要求，按月进行重点分析，按季度进行综合分析 | 主要分析当期项目收益和盈亏情况、债权债务情况、劳务队结算付款情况、临建和间接费开支情况、主要材料超耗情况等 | 公司《月成本分析制度》 | |
| | | 7. 分包方或劳务队伍的管控 | 劳务队正常业务办理 | 1. 公司协助下招标比选；2. 合同谈判；3. 结算报批；4. 考核评价 | 公司《劳务管理办法》 | 劳务队管控 |
| | | 8. 合同管控及风险评估 | 参与评审业主合同和劳务队合同，预防各类风险 | 提前预防成本失控和损失的风险 | | |
| | | 9. 对内对外的结算 | 定时足额或超额对业主验工计价，做好对内部队伍的计量把控工作 | 要多上工地一线，掌握现场实际和技术、方案要领，能懂技术，精业务 | | |

续表

| 序号 | 主要工作 | 主要做法 | 主要内容 | 主要目的和方法 | 相关制度办法 | 备注 |
|---|---|---|---|---|---|---|
| 一 | 内控降本工作 | 10. 成本管控的创新 | 协助公司进行企业定额的修订和测定，新工艺和方法的现场考察等 | 完善更新定额含量，使其接地气 | | |
| | | 11. 结算推进管理 | 编制施工图预算、过程结算及收款、成本梳理、结算策划、结算报送、结算定案、结算总结及成本还原、申报结算兑现、办理分包结算等 | 全过程结算管理，提前预控 | 公司《结算管理办法》 | |
| 二 | 外创增效工作 | 1. 项目创效指标的交底与落实 | 根据公司下达的创效指标和创效策划，细化推进方案和责任到人 | 分工明确，人人扛指标，对接业主、设计院优化设计，增盈减亏 | 《项目变更索赔工作分工及推进考核办法》 | 项目部由总工牵头实施 |
| | | 2. 积极联动，借力用力 | 积极联动和邀请公司创效专家组现场协助，并和集团（局）分片责任人接头，学会借力用力 | 加强项目变更创效的能力和思路 | | |
| | | 3. 创效前置，不等不靠，主动出击 | 项目创效从投标阶段开始跟踪 | 前期派员（总工）进驻设计院，项目做好配合，掌握第一手资料和把握第一时机，做大、做强 | | |
| | | 4. 向专家请教与对外交流，边比较边提升 | 向变更索赔方面的专家请教，走出去多比比，多看看其他单位变更创效思路、成果，对比分析，找准问题及时解决 | 多参加培训，多学习理论、多走出去交流等 | | |
| | | 5. 全员联动，集思广益 | 经常开展变更创效方面的探讨和交流，人员上可至设计院，下可至劳务队，出主意想办法，集思广益 | 可以设置项目“金点子”奖励来征集好的思路和办法，包括外创增效和内控优化成本工作 | | |

# 商务成本

Business and
Cost Management of
Construction Enterprises

# 第三篇
# 企业商务合约管理

# 04 掌控

## 商务合约管理主要内容

商务合约管控职责主要在集团（局）和公司层，从签订合同阶段开始到项目完工考核评价止，企业管理者对商务合约管理承担主要责任，特别是公司层对项目成本预控和效益风险预警是管理的重中之重，责任重大，在项目管控实施中，只有充分发挥商务合约管理的牵头作用，才能实现企业的高质量发展。

合同管理
成本管理
分供方管理
风险抵押管理
预结算管理
风险预警
考核评价

# 合同管理

## 1. 合同洽谈

（1）主合同洽谈视情况由市场营销部门（项目营销经理）或法务 / 商务管理部门负责组织，本单位总经济师牵头，相关市场营销与投标人员、法务 / 商务管理部门与工程技术部门的专业人员，以及拟派的项目经理与商务经理参与。

（2）重大项目的主合同洽谈应成立专门的“合同谈判小组”，小组成员应包括市场营销、工程技术、商务、法务等相关专业人员。

（3）主合同谈判应进行“合同谈判策划”，对商务、工程技术、财务资金等各方面的风险分别提出底线目标、争取目标、策略目标，重大项目谈判须按要求编制《合同谈判策划书》。

（4）主合同谈判一般须有完整的记录，且准确无误。每次谈判结束后立即形成书面记录或纪要，争取双方签字认可，及时锁定过程谈判成果。如对方无记录形式要求，应按《合同谈判记录表》格式填写。

## 2. 合同草拟

（1）应争取参与主合同起草权，法律事务部门负责合同文稿的草拟、修改，财务资金、工程技术等管理部门予以协助。

（2）当主合同文本由发包人提供时，法律事务部门应将其与国家、行业现行示范文本进行全面对比。发现有变动且对合同履行有实质性影响的，应当在合同评审意见中明示。

## 3. 合同评审

（1）合同签订前必须对合同文本进行评审。

（2）主合同的审批权限归集于集团（局）和所属子公司两级法人单位层面。子公司承接项目的主合同评审由公司总经济师主持办理。直营公司承接项目及子公司以企业名义承接项目的主合同评审，经公司评审后报企业，由企业总经济师主持评审。

1）需报集团（局）评审的项目按项目类型分别由不同业务管理部门具体组织并发起相关评审工作。国内施工项目由企业法律事务部负责，相关业务部门参与；投资类项目由企业投融资部负责，相关业务部门参与；国外项目由企业海外事业部负责，相关业务部门参与。

2）报集团（局）的主合同评审经相关部门提出专业评审意见后，由法务负责组织的部门汇总评审综合意见，经企业总法律顾问、总经济师审批。

（3）公司 / 分公司主合同评审必须形成书面评审资料。

1）主合同评审按要求采用风险要素分级管理机制，相应风险问题分为红、黄、蓝等级，评审结论触及“企业规定”底线的合同，应报总经理、董事长审批。

2）各层级在主合同评审过程中提出的主要修改、修订意见，应及时通过合同谈判予以落实，谈判不能落实的评审意见应及时反馈给评审牵头部门，报分管领导批准。

（4）主合同评审时应提供的资料应包括但不限于下列内容：发包人资信调查评估表、营销立项审批表、招标与投标文件评审表、中标通知书、项目预期利润率分析表、拟签约文本、合同实施单位评审意见、法律意见书（如有）、“企业规定底线项目”报告（如有）等。

（5）拟签约主合同文本相对于招标文件没有重大变化的，经业务主管部门书面说明，法律事务部审核同意，可不对该合同文本进行全面会同审核。

（6）对于“报建合同”“备案合同”，以集团（局）名义承接的由各公司评审后报集团（局）法律事务部作形式审查后签订。但各公司应对合同条件与执行合同进行对比，尤其当该类合同条件劣于执行合同时，应对风险进行评估，对其签订风险承担全部责任。

（7）主合同以外的其他类合同，由本单位业务主办部门负责具体组织并发起评审，业务分管领导为评审主持人。

1）承接房建类项目时，具体项目中标前签订的战略合作协议、框架协议、联合体协议等，由企业市场营销部门负责组织。

2）承接基础设施类项目时，具体项目中标前签订的战略合作协议、框架协议、联合体协议等，由企业基础设施事业部负责组织。

3）承接海外项目时，具体项目中标前签订的战略合作协议、框架协议、联合体协议等，由企业海外事业部负责组织。

4）承接投资类项目时，具体项目中标前签订的战略合作协议、框架协议、联合体协议，以及融资与贷款协议、借款合同、银行授信合同、担保合同、合作投资合同等，由企业投融资 / 财务资金管理部门负责。

公司 / 分公司对各类合同的评审实施中，法务 / 商务部门作为合同归口管理部门，不论是否具体负责组织，均应参与，并根据需要出具相应的法律意见书。

### 4. 合同签订与交底

（1）主合同经评审批准后，如发包人无要求，除因有利于企业方的合同条件优化谈判而延迟外，通常应于评审完毕后 30 日内，及时完成签订与用印手续，形成正式合同文件。

（2）正式合同文本由法定代表人或其授权委托人签署，并进行联签。签署后，由法务 / 商务部门专人审核相关评审会签记录、文本内容、授权文件和被授权签字等内容的有效性，符合要求的，填写《合同专用章使用申请表》，由合同（印章）管理员办理签批后进行用印。

1）除招标部门、政府机构或发包人有明确要求外，合同文本一般应当加盖“合同专用章”。

2）集团（局）合同专用章应由法律事务部指派专人管理，所有用印必须建立完整的“合同专用章使用台账”。

3）企业先行签署并用印时，应采用加盖骑缝章、每页角签，或使用其他防伪印记等方法对合同文书加以控制。

（3）合同签订后，应根据集团（局）信息化基础编码管理规则统一编号，确保编号的唯一性，并由各类合同的业务主办部门建立相应的“新签合同管理台账”进行规范管理。

（4）各类合同的主办部门负责将合同副本向相关部门与项目部、档案室等机构传递，包括借用、收发、保存、回收及销毁。

（5）做好合同保密，任何人不得以任何形式泄露合同在订立和履行过程中涉及的商业与技术秘密。所有出借、复制均应登记受控。

（6）对主合同实行两级交底机制，公司总经济师牵头对项目部进行一级交底，项目内部进行二级交底。

1）一级交底应在合同签订后15天内进行，交底人为公司的商务、法务、工程管理、质量安全等部门，包括该项目的投标报价人员、合同谈判人员。接受交底人为项目经理、项目商务经理等项目部主要管理人员。

2）二级交底应在一级交底后5天内进行，由项目经理组织，项目商务经理向项目部全体人员进行交底。

（7）主合同一级交底应形成书面交底记录，即《工程项目合同交底书》。交底书一式三份，公司商务、法务部门和项目部各存一份，并上传至企业数字化平台共享。主合同交底的内容包括但不限于下列内容：

发包人的资信状况、承接工程的出发点、项目背景情况及后续工程情况；发包人、监理及其他相关方主要公共关系等；

投标策略，报价定标情况、成本让利情况以及投标策划分析、预计的主要盈亏点；不平衡报价策略中不平衡报价的内容；

合同洽谈过程中考虑的主要风险点和双方洽商的焦点条款，谈判策划书的重点及其洽商结果；

合同订立前评审提出的主要问题或建议，特别是评审报告明确要求进行调整或修改但经洽商仍未能调整或修改的条款；

合同主要条款，包括质量、工期、工程价款结算与支付、材料设备供应、变更与调整、违约责任、总分包分供责任划分、履约担保的提供与解除、合同文件隐含的风险以及履约过程中应重点关注的其他事项等；

工程难点，包括施工重难点、新技术、新材料及其他。

（8）项目部依据一级交底，结合项目具体情况、人员具体岗位责任分工，进行更明细的主合同二级交底。并形成有相应合同责任分解的书面记录，经参加交底人员签字后由项目部自行保管。

（9）合同交底应全面、具体，突出风险点与预控要求，且具有可操作性。上级法律/商务部门应对各类合同交底的落实情况进行监督检查，帮助提高交底质量。

（10）合同交底涉及企业商业秘密的，应当注意做好保密工作，任何参与人员不得泄露交底内容；因管理需要调阅、复制相关交底文件记录的，均应登记受控。

## 5. 合同履行监控

（1）对主合同履行实行“风险要素分级监控”管理机制。

1）监控的内容包括：全面动态记录合同履行情况；监控周期内监控要素与合同条款相比是否符合标准或及时预警；合同主要风险点的规避、变更情况；合同其他异常情况；防控措施的有效落实情况和效果等。

2）主合同履行的风险要素分为正常波动（蓝色）、黄色预警、红色预警三级。

（2）风险监控要素异常变动处于黄色预警区间时，由项目部对相关责任岗位提出警示，出具书面防控举措，落实责任人和执行人，及时有效化解合同风险。

（3）发生红色预警风险问题的，项目部应及时填写《风险预警及防控表》，组织相关业务部门提出防范措施，经分管领导同意，及时指导、监督项目部应对。

（4）各管理层级对于各类合同的履行均应进行定期与不定期的履行情况检查、督导，提升合同履行监控管理质量。

1）在建工程项目经理部至少每月应进行一次履约情况自查，填报《项目部商务月度报告》于次月 5 日形成。

2）公司至少每季度应对在建项目进行一次履约检查，并在商务季报中总结汇报；集团（局）法律事务部结合集团（局）经济活动检查每半年对各公司合同履行管理工作进行综合检查。

## 6. 合同变更及解除

（1）发生合同重大变更与解除情形的，项目部应填报《重大合同变更 / 解除评审表》，及时向公司法务 / 商务部门报告，并至法人单位层级进行处置。

（2）法人单位层级法务 / 商务部门收到评审文件后，变更合同劣于原合同条款，应组织相关业务部门进行评审，提出相应处置意见方案，经授权批准人审批后，实施应对。变更合同优于原合同条款的，报集团（局）法律事务部备案。

（3）合同重大变更情形包括：合同的主体发生变更；合同额或工程量的较大变更；合同的计价方式或价款变更；合同的工期发生较大变更；合同中约定的质量标准发生变更；合同中约定的施工工艺和技术发生较大变更；合同的违约责任或解决争议的办法发生变更；业主在合同约定外强行指定分包分供商等。

（4）合同解除情形包括：发包人原因导致的合同解除；承包人原因导致的合同解除；不可抗力因素导致的合同解除；第三方原因导致的合同解除；双方协商同意的合同解除等。

（5）合同变更和解除应当由法务/商务部门负责办理书面的材料，如变更补充协议、备忘录、解除协议等，办理完毕后到政府相关部门登记备案。

# 成本管理

## 1. 成本管理基本原则

项目成本管理应遵循四条基本原则：坚持法人管项目的原则；坚持价本分离、目标责任制的原则；坚持全过程管理、过程精细化管理的原则；坚持动态管理、持续改进的原则。

## 2. 管理模式与流程

（1）施工项目的成本管理模式包括责任利润率比例、责任利润总额、项目管理费预算包干等形式，施工项目应根据项目运营管理模式的不同选择合适的项目成本管理模式。

（2）结合企业实际情况，各公司应以责任利润率的管理模式为主，采用其他模式的项目应报法人单位层级批准。

（3）不论采用何种成本管理模式，均应遵循“公司对责任成本控制，项目经理或项目责任班子对责任成本承担责任、进行管理风险抵押、确保责任利润、执行成本降奖超罚兑现”的原则。

（4）不论采用何种成本管理模式，责任目标应包括重点单项成本费用指标、重点单项耗量指标和创效目标。同时还必须确保工程质量、安全、进度、环境保护、标准化管理、技术进步、安全生产投入、文明施工与CI创优、经济技术资料管理、工程结算、工程款回收及相关方服务等其他项目管理目标指标的完成。

（5）施工项目成本管理流程应形成“投标成本测算→责任成本测算与下达→目标成本编审与修订→实际成本统计与分析→过程成本考核与兑现→竣工成本分析与还原→最终成本审计与兑现→建立公司成本数据库→投标成本测算参考”的循环。

（6）所有项目成本管理包括投标成本管理、责任成本管理（价本分离测算与项目部目标责任书）、过程成本管控（岗位成本责任制）、阶段成本分析与考核预兑现、竣工成本考核与最终兑现等贯穿“三次经营”全过程的相关成本管理要求。

## 3. 成本管理权责划分

（1）企业总经理全面领导本单位成本管理工作，各级总经济师是本单位的项目成本管理分管领导，各级商务管理部门是项目成本管理主管部门。项目经理是项目成本管理的第一责任人。项目商务经理是项目成本管理组织与实施的牵头岗位。

（2）公司应成立“项目成本管理委员会”，主要对项目责任成本下达、过程责任成本调整及项目最终考核兑现进行审核批准。委员会的成员一般应包括总经理、总经济师、总工程师、总会计师、生产副总经理、商务管理部门与工程管理部门、财务资金部门、审计部门的负责人、1～2名资深项目经理等。

（3）集团（局）管理权责

1）建立健全与修订企业成本管理制度和相关办法、流程。

2）授权、监督、检查、指导并考核评价企业所属各单位的项目成本管理工作，执行相关奖罚措施。

3）项目由商务管理部定期或不定期以参加项目成本分析会或经济线检查的形式监督、检查重点项目成本管理工作，每年对企业重点项目进行不少于1次的检查。

4）对企业所属各公司的成本管理制度、实施细则实施备案管理，报企业商务管理部备案。

5）利用项目综合管理信息化系统，对各项目成本数据进行有针对性、代表性的统计分析，逐步建立企业层面不同区域、专业的代表性项目当期成本数据库，为企业层面的成本管理工作、优秀管理经验推广提供支撑。

6）组织管理调研，总结交流和推广应用企业内、外单位的先进经验和操作方法。

（4）公司管理权责

1）依据本办法及本公司实际情况，建立健全与修订本公司的项目成本管理制度及相关细则、流程，并报集团（局）商务管理部备案。

2）领导和组织下属机构的项目成本管理工作，授权、指导、检查和考核评价下属机构代表公司总部进行的项目成本管理绩效并执行相关奖罚措施。

3）定期或不定期以参加项目成本分析会的形式监督、检查本单位项目成本管理工作，全年对公司重点在建项目应参加、检查的项目成本分析会次数为：设下属分公司的，公司层面不少于1次，分公司层面不少于2次；未设立分公司的，公司层面则不少于2次。

4）负责价本分离，执行风险抵押，直接下达或审核批准项目经理与其上级机构签订的《项目部目标责任书》，审核批准所属项目的最终成本还原与兑现，并应对所属项目的过程成本考核与兑现进行审批或备案管理。

5）审批责任成本及决定责任成本的调整；负责本单位所属项目现场管理费、施工措施费等成本费用的定期测定、修改、发布。

6）对本单位所属项目的成本资料进行分析与收集，充分利用企业项目综合管理信息化系统，建立本单位项目成本数据库，总结推广优秀管理经验，并为投标成本预测提供有效支撑，使项目成本管理流程形成有效循环链。

（5）项目部权责

1）项目经理代表项目部与公司签订《项目部责任书》，项目经理与项目各岗位管理人员签订《项目岗位成本责任状》。

2）以《项目部责任书》明确的责任成本为依据，组织项目成本策划，编制和实施项目目标成本，有效将目标成本责任进行分解，编制合理的项目总目标成本及分段 / 分项目标成本，并合理分配到各成本岗位，通过优化生产要素组织、优化技术施工方案、科学组织现场施工降本开源，确保《项目部责任书》各项目标按预期实现。

3）定期召开项目月度 / 季度 / 节点成本分析会，落实"认真盘点、内部分析、做好整改"的要求，积极接受公司对项目的成本管理过程监督、检查和指导，持续改进项目成本管理方法。

4）组织和实施项目签证、索赔、创效、结算、收款工作，按时、真实、准确编制成本考核资料，配合上级管理机构进行《项目部责任书》规定的过程成本考核与最终项目成本考核。

5）项目经考核后的兑现分配权归项目部，但分配总体原则不得违背公司相关细则的相关要求，且分配方案应经公司总经理审批后执行。

### 4. 目标成本管理

目标成本管理就是在企业预算的基础上，根据企业的经营目标，在成本预测、成本决策、测定目标成本的基础上，进行目标成本的分解、控制、分析、考核、评价的一系列成本管理工作。它以管理为核心，核算为手段，效益为目的，对成本进行事前测定、日常管控和事后考核。

根据标前成本分析的盈亏点，项目部需编制项目的目标成本。在履约过程中对目标成本进行优化、动态调整。

### 5. 责任成本管理

（1）项目的责任成本管理分两级进行落实，一级是以《项目部责任书》形式明确公司对项目的责任成本管理；二级是以《项目岗位成本责任书》或《项目部实施计划（商务）》中的成本责任分解形式明确对各岗位责任人成本责任进行分解管理。

（2）项目部应以《项目岗位成本责任书》对项目各岗位员工进行岗位成本

责任管理。

（3）项目责任成本实施应以“价本分离”的方式进行，落实责任目标与实际完成效果间的对比与考核。

（4）《项目部责任书》原则上应在项目开工前由公司负责人与项目经理签署，最迟不得晚于施工合同签订后1个月。

（5）《项目部责任书》审批权限按年度《综合授权书》执行。有审批权限的公司，按季度以台账形式报集团（局）商务管理部进行备案管理；无审批权限的公司，《项目部责任书》应经公司、集团（局）两层评审后方可签订，报集团（局）商务管理部、审计部备案后生效。项目最终兑现审计时，集团（局）审计部以备案生效版本进行相关审计，未经备案的责任书或责任书变更内容不作为审计依据。

（6）《项目部责任书》中的“责任成本”内容应以总指标、分项指标（主要费用指标、周转材料总量、实体材料节余率等）相结合的方式明确，进行过程与结果并重的管理。

（7）在项目实施过程中，项目实施条件发生较大变化时，可对项目责任成本指标根据实际条件变化进行必要的调整，且调整遵循以下原则：

1）原则上项目施工过程中一般不对责任指标进行调整，而是在项目竣工结算后最终兑现时进行总体一次性调整。过程中确因变化重大需立即调整的，须由项目部书面申请，经公司总经济师组织审核，报公司成本管理委员会讨论，公司授权人批准。

2）项目责任指标调整方案经批准后，公司应及时签订新的《项目部责任书》或补充变更条款，并按责任书签订审批和备案程序进行审批或备案。

3）调整原因一般包括：项目工程承包范围、工程设计发生重大变更；实施施工方案经批准发生重大变化；主要资源因市场或政策影响发生重大调整；项目停工、缓建。

（8）项目经理变换时，必须及时变更责任书相应内容。

（9）对于“三边”工程，《项目部责任书》应在科学预判、合理测算后以暂定目标责任指标及时签订，待条件合适时，再以确定的目标责任成本签订补充责任条款，调整原暂定相关责任指标。

## 6. 商务策划管理

（1）项目的商务管理类策划文件是整个项目的商务管控，特别是成本与创效运营管控的纲领，是项目最终实现责任利润目标的指导文件，包括《项目策划书》和《项目部实施计划》两个文件中的全部商务内容。

（2）项目启动后，公司总经济师负责组织《项目策划书（商务）》的编制，公司商务管理部门具体实施。重点包括项目成本和创效分析，拟定项目预期利润目标，并综合考虑项目其他管理目标要求，重点对项目定位、工期、现金流、资源组织、项目组织形式、资源配置方案、风险防控和廉政措施等提出专业意见。文件的编审内容范围及完成时间应满足《项目策划书编制任务表》的要求。

（3）《项目策划书（商务）》正式文本及重大修订、补充内容由公司总经济师审定，公司总经理批准。

（4）《项目部实施计划（商务）》由项目经理负责组织编制，项目商务经理具体落实。其正式文本及重大修订、补充内容应报公司商务管理部门审核，经公司总经济师审批后实施。

（5）各单位必须组织相关专业人员以“评审会”的形式对《项目部实施计划（商务）》的成本、创效内容的合理性、针对性和有效性进行评审，确保其相关目标、措施的“有用”。

（6）《项目部实施计划（商务）》内容应在《项目策划书》确定的原则下，满足《合同》要求，依据《项目部责任书》，针对项目实际情况，符合《项目部实施计划编制任务表》中的内容要求。

（7）《项目部实施计划（商务）》的编审完成时间原则上应在项目开工前，满足《项目部实施计划编制任务表》中的具体时间要求，最晚不得迟于施工合同签订后的2个月。

（8）项目实施过程中，项目部应严格执行《项目部实施计划（商务）》，协调和优化资源配置，确保成本受控，创效最大化，并及时根据实际情况的变化进行分析评审，适时修订，保证及时有效。同时项目上级管理机构对项目的检查、指导、服务等过程管控、监督应以此为重要依据，确保《项目部实施计划（商务）》的“在用”。

## 7. 过程成本管理

（1）项目过程成本管理的核心要求是执行《项目部实施计划》的严肃性。在满足履约目标的前提下，项目各类资源的投入与消耗成本不得随意超出计划管控目标。特殊情况造成计划目标突破时，须报请项目上级管理机构进行评价后，按《项目部实施计划》的审批流程批准方可执行。

（2）项目过程成本管理的核心机制是“项目成本分析会”。项目部应由项目经理组织进行定期或不定期的过程成本分析，召开项目成本分析会。

1）定期分析会是指按《项目部责任书》规定的季度考核或节点考核形式，项目部必须按时组织的项目季度/节点成本分析会，并按规定流程与表单格式进行成本和收入盘点、归集，按要求形成完整的成本分析资料，接受公司计划安排的对当期项目成本分析会的检查、督导与相关考核。

2）不定期分析会是指根据项目运营实际情况，项目部认为有必要组织的月度或临时成本分析会。此类分析会由项目经理组织，相关人员参加，以项目商务经理为主分析成本数据，有针对性地查找管理问题、明确岗位责任、制定改进措施。

（3）项目过程成本管理中应有效实施项目岗位成本责任制。由项目商务经理组织，依据项目分段、分项的目标成本，对项目各相关岗位、个人分解相应的岗位成本责任，明确岗位具体应控制的最高成本支出额度或应节余的最低成本指标。

1）项目商务经理在月/季/节点末，将下期主要现场施工资源的成本控制目标依据岗位责任下达给相关责任人，明确相关实施内容的工作量、要素消耗控制指标和关联管控责任。

2）实施期间完结时，项目商务经理组织相关管理人员，根据实际消耗量，对比岗位责任成本和消耗控制指标，统计确定节超量和节超额，分析改进现场管理方法和管理行为，其结果由项目经理审核后作为相应岗位人员考核兑现分配的主要依据。

（4）公司应坚持强化“晒成本”管理机制。除按企业统一要求对相关项目成本指标进行定期比较、分析，提出管理改进措施外，还须结合本单位的管理实际，特别是针对目前项目成本指标体现出的管理短板，合理增加“晒成本”的范围，通过项目之间的“横向”比较和前后期之间的“纵向”比较，形成纵横双向的“比、学、赶、帮、超”机制，有效提升项目各项成本的整体管控水平与效果。

（5）公司应对所属项目建立过程亏损预警管理机制，通过项目过程成本检查、项目过程成本考核、参加项目成本分析会等形式及时进行过程亏损的预警、改进。

## 8. 商务成本核算

（1）项目商务成本核算对象为单个独立的工程项目，一般应以施工合同约定的工程范围为界，即一个《项目部责任书》为一个项目成本核算对象。核算对象一经确定不得随意更改。

（2）项目商务成本核算应以月度为核算期，统一要求以上月 26 日至当月 25 日为一个核算期间，即每月 25 日为项目工程量盘点、材料盘点、分包结算、物资采购租赁结算等的月成本计算截止日。

（3）项目商务成本核算应遵循工程形象进度、产值收入统计与实际成本归集“三同步”的原则。各类成本费用，特别是预提、摊销类成本应与当期收入计列相匹配，依照“权责发生制”原则处理。

（4）项目各类商务成本归集与核算，包括投标成本测算、目标成本编制、过程成本分析、竣工成本分析（成本还原）等，均应按要求的套表格式进行。

（5）项目商务成本核算分为三级目录，其中一级目录设定为五项：人工费、材料费、机械费、现场经费和分包工程费。二级目录设定为：“人工费”包括实体劳务费、零星用工、辅助用工；“材料费”包括实体材料费、周转材料费；“机械费”包括机械设备租赁费、进出场及安拆费、机操人员薪酬；“现场经费”包括其他直接费、间接费、附加税金；“分包工程费”包括一般分包、管理费分包、甲指分包等。三级目录设置参照《指导意见》的原则，可自行归类设置。

项目商务经理负责统筹衔接商务管理、物资设备、工程技术、财务资金等部门、岗位，及时、准确办理对内、对外结算，真实反映项目每期目标成本、实际成本及成本降低额。项目所有成本费用均须由项目经理签字认可（有分级授权规定的按规定审批流程审批）后，方可由项目会计作为凭证办理财务入账。

（6）项目有关过程成本费用摊销、预提执行以下规定：

1）临时设施费用

在总投入额锁定前，应以《项目部实施计划》（包括调整修订）中确定的投入总额为基数计算摊销额：

当期临设摊销＝计划投入总额 ×（当期自行完成产值收入 ÷ 项目预计自行完成产值收入总额）×100%

在总投入额锁定后，则以锁定的总投入额为基数计算摊销额，直至项目完工时将实际总投入额摊销完为止；

过程、最终形成的残值，应在成本分析汇总时单列，并冲抵当期的项目总成本。

2）自购周转材料费用

模板、木方类。在总投入额锁定前，以《项目部实施计划》（包括调整修订）中确定的投入总额为基数，任选一种方式计算摊销额：

①当期摊销额＝计划投入总额 ×（当期完成主体结构产值 ÷ 项目预计主体结构完成产值总额）×100%；

②当期摊销额＝计划投入总额 ×（当期完成结构的模板接触面积 ÷ 项目结构的模板接触面积总量）×100%；

在总投入额锁定后，则以锁定的总投入额为基数计算摊销额，直至项目主体完工时将实际总投入额摊销完为止；

过程、最终形成的残值，应在成本分析汇总时单列，并冲抵当期的项目总成本。

安全网、脚手板、安全防护类等，亦参照本款所述原则进行摊销。

3）各类小型工具、机具、劳保用品、办公用品等低值易耗品，可按一次摊销法进行核算，残值收入冲减项目成本。

4）项目保修费用，按项目自行完成产值的3‰预提。

5）租赁周转材的损耗预提执行《项目部责任书》规定目标。

（7）对外收取的总包管理与配合类费用，应按《项目部责任书》约定将划归项目的部分计列项目考核收入，或冲销项目成本。

（8）项目废旧物资处理、食堂与临时商店管理费等项目其他收入应统一交由财务入账，可单列冲抵项目成本。

（9）依照管理制度计算给项目部的现金正流利息可冲抵项目成本。政府行政职能部门或上级管理单位对项目部的罚款应计入当期成本，但严禁将依照制度对个人责任人的罚款计入项目成本。

**9. 成本考核兑现**

（1）对项目进行成本考核与兑现是企业管理项目的基本职责。各公司应依据企业相关规定和《项目部责任书》，按季度或节点对所属项目进行项目成本考核与兑现。

（2）各公司应由商务管理部门牵头，组织至少包括物资设备、财务资金、人力资源、综合办公等部门，成立项目成本考核小组专门实施项目成本考核。

（3）各单位应将相应考核与兑现流程以管理制度或细则的形式进行明确规定，做到“考核及时、流程规范、建议有效”。

（4）项目成本考核的基本流程：公司考核责任部门统筹编制项目考核滚动计划→发布当期考核计划→考核人员参与盘点→项目提交分析资料→考核人员进行资料分析考核→召开项目成本分析考核专题会议→考核人员确定考核结果并提出考核意见。必要时考核人员可出具考核专题报告，为项目管理提出有效改进意见。

（5）在项目成本考核过程中，组织进行成本分析考核专题会议的流程与内容，均参照《指导意见》的规定执行。

（6）公司应根据项目成本考核的情况与结果，对不能完成责任利润的项目，须加大管理督导，重点帮扶改进。对超额完成责任利润且具备兑现发放条件的，应及时发放兑现奖励。

（7）项目成本考核兑现奖励额应以经考核的项目成本降低额为基础，按《项目部责任书》规定的计奖规则进行计算和提取发放。

# 分供方管理

## 1. 分包管理原则

（1）适用于集团所有施工类项目劳务分包与专业分包的招议标、分包合同签订、分包结算的全过程管理。

（2）分包方集中采购，是要求劳务及专业分包的采购业务应按照企业规定的采购流程，统一在“企业采购平台”上实施的采购行为。各单位、各层级的招议标采购过程应通过“企业采购平台”进行统一管理、收集和分析采购数据，规范指引劳务及专业分包的招议标采购工作。企业所有分包方招议标应遵循“公正公平、诚实信用、二次询标、合理价格、关系人回避”的原则。

（3）仅对分包方的招议标进行规范，涉及物资设备等供方的招议标执行物资管理相关规定，分包方考察、入围、使用和评价及分类等管理应执行企业的相关规定。

（4）分包合同指与分包方签订的所有分包类合同，遵循“合法合规、诚信履约，统一标准、归口管理”的合同管理基本原则与“法人管项目”的要求制定。

（5）所有分包结算应遵循“依据合同、实事求是、分级管理、月结月清、成本受控”的原则。各层级商务部门是分包结算管理的归口管理部门，各单位总经济师是分包结算管理的分管领导，对本单位的分包结算管控体系建设负责。

## 2. 分包招议标管理

（1）招议标机构及分工

1）企业集中采购领导小组

①领导小组组长由企业主要领导担任，分管领导担任副组长，成员由企业相关部门负责人、企业集采中心主任组成。

②领导小组负责企业集中采购的制度建设、体系建设和集中采购重大事项的决策。

2）企业集采中心

①企业商务管理部牵头成立企业集采中心。

②集采中心负责企业集中采购管理工作的引领、服务与监督，组织企业层级国内项目集中采购工作，负责企业层级集中采购的招标（谈判）文件编制评审、招议标管理、合同签订、数据统计等工作。

3）公司

各公司负责成立本单位层级的招议标领导小组和招议标工作小组。负责本单位的招议标采购事宜。

①招议标领导小组

招议标领导小组的组长由本单位董事长 / 总经理担任、分管领导任副组长，组员由各单位相关部门负责人组成。

招议标领导小组负责本单位集中采购管理的制度建设、体系建设、集中采购重大事项的决策，组织本单位的集中采购工作。

②招议标工作小组

招议标工作小组的组长由本单位分管领导担任，招议标部门负责人任副组长，组员由公司相关部门派员组成。涉及具体项目招议标事项的项目班子成员至少一人需加入招议标工作小组。

招议标工作小组负责本单位分包方招标公告（投标邀请书）、招标（谈判）文件的编审与发放、组织招议标事宜实施等，负责本单位 EPC 项目的预采购。

③评标委员会

评标委员会应在招议标前可能的最短时间内确定，评委应为 5 人以上的单数，且经济与技术人员不少于总数的三分之二。涉及具体项目招议标事项的项目班子成员至少一人是评标委员会成员。

（2）采购方式

采购方式的选择应考虑到工程特点、对分包的要求等实际情况，遵循合法、有效、可执行的原则，满足“风险可控，兼顾效率”的内控要求。可选用公开招标采购、邀请招标采购、竞争性谈判采购（议标）、单一来源采购等方式。

1）公开招标

公开招标是指招标人以招标公告的方式邀请不特定的法人或者其他组织参与投标的采购方式。主要适用于政府资金投资的公共项目，涉及公共利益的其他资金投资项目和一定投资额以上的项目招标。

2）邀请招标

邀请招标是指招标人以投标邀请书的方式邀请特定的法人或者其他组织投标的采购方式。以下几种情况适用于邀请招标，是常规的招标方式，广泛适用于企业招标行为：

①技术复杂、有特殊要求或者受自然地域环境限制，只有少量潜在的投标人可供选择。

②采用公开招标方式的费用占项目合同金额的比例过大。

③涉及国家安全、国家秘密或者抢险救灾，适宜招标但不宜公开招标的。

④法律、法规规定的不宜公开招标的。

⑤对完成质量、服务效果等有特殊要求，分包商只能在特定范围内选择的。

3）竞争性谈判（议标）

竞争性谈判（议标）是指采购人直接邀请三家或三家以上分包方进行谈判的采购方式。以下情况可以采用竞争性谈判（议标）方式：

①招标后没有分包方投标或者没有合格标的，或者重新招标未能成立的。

②技术复杂或者性质特殊，不能确定详细规格或者具体要求的。

③采用招标所需时间不能满足用户紧急需要的。

④不能事先计算出价格总额的。

4）单一来源采购

单一来源采购是指没有竞争的谈判采购方式，采购人与单一的分包方谈判，确定报价及相关条款的采购方式，具备以下情况之一的可以采用单一来源采购方式：

①只能从唯一分包方处采购的。

②发生了不可预见的紧急情况不能从其他分包方处采购的。

③必须保证原有采购项目一致性或者服务配套的要求，需要继续使用原分包方的。

④经审定的其他情况。

（3）评标办法

评标办法应在招标文件中列明。

1）综合评标法

对于技术要求特别高、施工组织特别复杂或有其他特殊条件的，可采用“综合评标法”选择分包方，采用“综合评标法”的，商务报价分占比原则上不得低于70%。

2）经评审的合理价法

除技术要求特别高、施工组织特别复杂或有其他特殊条件的项目外，一般应采用“经评审的合理价法”选择分包方。

（4）招议标工作计划

1）除企业、公司层面具体实施的集中采购外，工程项目的分包方采购均应由项目部依据《项目部实施计划（商务）》和实情编制《工程分包计划》，报直管项目的公司审批，且该计划提交时间应确保招议标工作小组有至少15天以上时间完成招议标工作。

2）招议标工作计划提交前，必须做好充分的市场调研，充足考虑分包考察、招标准备、招标，资源组织、供货等所需的全部时间。

（5）采购方式审批

各单位需根据采购性质确定采购方式，招标方式应以公开招标为主，公开招标和邀请招标填报《招标公告审批表》，竞争性谈判（议标）和单一来源采购需填报《采购任务审批表》，其中拟选单一来源采购方式的需同时确定拟谈判分包方。

（6）招标组织

1）招标公告（投标邀请书）和招标（谈判）文件

招标公告、投标邀请书、招标文件（适用于公开招标和邀请招标）以及谈判文件（适用于竞争性谈判＜议标＞和单一来源采购）由招议标工作小组编制和发布。招标公告、投标邀请书内容应包括项目名称、投标人资格资质条件、报名时间和地点、招标人联系方式等；招标文件应包括采购需求介绍、投标人须知、评标方法、合同文本和投标文件格式等。谈判文件可包括合同文本、工程量清单、工作内容以及工程量计算规则等。以上文件均需依据授权按规定流程进行评审。

2）招议标指导价

通常情况下，招议标工作小组应进行招议标指导价编制，经本单位招议标领导小组或授权人审批后，可随招标（谈判）文件一起公开发布。

3）分包方推荐

①除公开招标、单一来源采购外，所有采购均需填写《分供方推荐表》。

②建设单位或当地政府指定的分供方，如出具相应的证明文件，视为其单位推荐，可代替《分供方推荐表》。

③由各集采区域评选的优质分供方以及公司的优秀、良好分包方可不填写《分供方推荐表》。

④推荐人签名必须为本人签名，印章或手签章无效。

4）分包方入围

①入围队伍由工程管理部门负责推荐、接受有权推荐人推荐或接受参选分包方报名。

②入围名单的队伍数量需遵循 $2X+1$ 的原则，多标段招议标也适用该原则（注：$X$ 为本次招标拟选用队伍数量）。填写《招（议）标入围分包商审批表》，若入围队伍数量无法满足 $2X+1$ 原则的，需在审批表中特别说明，并报公司招议标领导小组审批后方能生效。

5）投标保证金

①投标保证金额度一般不超过标的额的 1%，且不宜高于人民币 50 万元（具体金额应在招标文件中约定）。

②投标保证金交纳截止时间为投标截止时间。未足额交纳投标保证金的分包方原则上不得参与下一步招标流程。

③中标分包人确定后，中标分包人的投标保证金可转为其合同履约保证金，

不足部分由分包人按合同约定按时补齐。

6）招标文件发放

招标文件发放时，可收取招标文件成本费用，同时应填写《分包招标文件发放记录表》。

7）踏勘现场和招标答疑

①必要时，应根据招标文件要求组织入围参选人进行勘察现场和召开相关的招标答疑会议。

②对入围参选人提出的招标疑问应向所有入围参选人以书面形式回复。

（7）开标

1）招议标工作小组应指定专人接收投标分包方按招标文件要求递交的投标书，并据实填写《投标文件接收记录表》。

2）一般情形下，应由招议标工作小组组织以"开标会议"的形式对各投标分包人递交的投标书进行集中评审。"开标会议"可参照下面步骤进行：

①"开标会议"程序一，评标委员会进场，由工程管理部门介绍投标分包人的基本情况。

②"开标会议"程序二，投标单位进场，由招议标工作小组开标，公布参选分包人名称、投标保证金交纳、参选标书递交等情况；并由专人填写《开标记录表》。

③"开标会议"程序三，投标单位退场，由招议标工作小组对各参选报价再进行复核清理，检查工程量及计算是否有误，若有误，应对参选报价进行调整，并以调整后的报价作为评选依据。

④一般情况下，可进行询标、二次投（议）标，最后形成《投标汇总表》。

3）"开标会议"的全程纪检部门可进行复核、监督，如有疑问，应及时澄清或处理，否则须终止招标流程。

4）禁止出现在评标委员会其他成员未在场的情况下，评委个人进行开标、询标或二次开标的情况。

（8）评标与中标

分包方选择实行"评定分离"原则，即由评标委员会实施评标并推荐中标候选人，由分包队伍的使用人从中标候选人当中选择拟中标人并报批。

1）执行首轮开标淘汰机制

首轮开标评分最低的投标分包人应直接淘汰。

2）询标与二次开标

首轮开标后，评标委员会可对入围询标的投标分包人进行询标，询标后直接进行二次报价，二次报价应密封交评标工作人员，所有二次报价交齐后，评标委员会在约定时间进行二次开标，评标委员会可进一步与投标人面谈，依据开标结果和招议标指导价核定中标限价和其他中标主要商务条件，按招标文件约定的评标办法对投标人予以排序。评标评标委员会认为有必要的，也可进行第三轮询标。

3）推荐中标候选人

①评标委员会按最终评标结果推荐中标候选人，填报《中标候选人推荐表》（中标限价和主要商务条件应作为附件）。

②推荐中标候选人的数量需符合 $N$+1 原则（$N$ 为拟选中标人数）。

4）对于分包方的不平衡报价，应要求其进行调整，若不调整的，应予以淘汰。

5）分包方第二次报价高于第一次的，原则上应予以淘汰。招标文件出现歧义，经招议标工作小组公开澄清，所有投标分包人重新报价的情况除外。

6）对于投标人的每一轮报价，若 2/3 的评委认为最低报价是不合理低价的，则最低报价的投标人应予以淘汰。

7）中标

①评标委员会完成开标、评标、填报《中标候选人推荐表》（中标限价和主要商务条件应作为附件），报本单位招议标工作小组或授权人审批后，由以项目经理为首的项目主要管理班子从中标候选人当中选择拟中标人，在中标限价以内确定中标价，项目班子可进一步与中标候选人面谈，填报《定标报告审批表》报招议标领导小组或授权人审批后生效。

②中标人确定后，招议标工作小组应及时通知中标人和未中标人。要求中标人按规定及时交纳履约保证金，并签订分包合同。如中标人无故放弃中标资格或不按时签约，应没收其投标保证金。

③如有必要，招议标工作小组可要求分包负责人出具承诺函，以个人财产、家庭财产对分包合同、分包工程履约提供担保。

8）招标结果不满足招标单位要求的，招标单位可重新组织招议标，且可不对投标单位作任何解释，但需在招标文件中事先列明。

（9）分包方的优惠政策

1）优秀分包方

①本公司 / 区域范围内，享有单价或总价不高于 2% 优先中标或免于被淘汰的权利，且在同等条件下优先中标；

②本公司 / 区域范围内，免收投标保证金和履约保证金；

③本公司 / 区域范围内，可在招标文件付款比例的基础上提 5% 付款比例。

2）良好分包方

①本公司 / 区域范围内，享有单价或总价不高于 1% 优先中标或免于被淘汰的权利，且在同等条件下优先中标；

②本公司 / 区域范围内，投标保证金和履约保证金减半收取；

③本公司 / 区域范围内，可在招标文件付款比例的基础上提高 5% 付款比例。

3）优秀分包方等优质资源须确保企业级战略客户重大项目优先使用，通常情况下使其核心资源配置标准高于其他一般项目。

4）优秀分包方、良好分包方跨公司 / 区域使用时，上述优惠政策能否适用，由各公司自行审批或制定具体的实施细则规定。

（10）绿色通道

1）对于特别紧急，需立即进场进行施工作业，而确无实施分包方招议标采购时间的，可实施“绿色通道”机制。

2）实施“绿色通道”的，由公司工程管理部门会同项目部，在公司年度合格供方名册范围内推荐不少于 3 家备选分包方（优先推荐优秀分包方），按“三重一大”要求召开会议，选定分包方。

①拟使用的分包方应提供《分包方预进场作业承诺书》，内容主要包括：承诺为临时进场，明确作业的范围及各项工程技术要求；承诺按我方认定的同期同类分包计量、计价与支付原则签订分包合同并办理分包结算；承诺在过程中

如因使用评价不合格，退场结算亦按我方认定的同期同类分包计量、计价原则办理。

②直管项目的公司可要求选定的分包方交纳进场保证金以保证其兑现承诺书内容。保证金额度应不少于预计分包合同额的3%，待正式分包合同签订后可直接转为其履约保证金，多退少补。

（11）信息化及“企业采购平台”工作

1）一般情况下，所有分包方采购招议标均应基于“企业采购平台”进行。

2）招标公告（投标邀请书）、招标（谈判）文件均应在“企业采购平台”上审批，形成对应的招标公告审批单、招标（谈判）文件审批单。

3）工程管理部门确定的入围名单应在“企业采购平台”上按规定流程进行会签审批通过，线下审批的附件可上传作为会签审批的附件。

4）所有分包招议标活动的约标、发标、开标、评标及定标流程的建立与审批均应在网络平台“招标”“询价”“评标”“审批”等栏中进行。

5）首轮开标后，对投标分包人询标后的二次报价，也应在“企业采购平台”进行调价操作。

6）除评标中标过程可采取线上线下相结合方式外，其他流程均应“线上”完成，为保证“上线”的真实性，“线上”和“线下”必须能相互印证。

（12）监督与检查

企业集采中心负责对各二级单位的分包集中采购工作进行监督与检查，各二级单位集采管理相关部门负责对所属的项目的分包集中采购工作进行监督和检查。所有程序按企业规定进行监控与检查。

### 3. 分包合同管理

（1）合同起草及评审

1）所有分包合同文本应由我方起草，且一般情况下必须使用企业或公司发布的标准示范文本。

2）合同签订前必须对合同文本进行评审。

3）分包合同签订前，由公司不同业务主办部门负责组织进行具体的合同评审，按企业下达的“年度综合授权书”范围及本单位相关规定进行评审、审批并联签。

4）劳务分包、专业分包合同起草及评审由法务 / 商务部门负责具体组织，工程技术、财务资金、物资设备、质量安全等管理部门参与评审。

5）企业、公司进行年度或战略“集采”形成的合同或框架协议文本，由本单位分管领导主持评审。

6）对各类合同的评审实施，法务 / 商务部门作为合同归口管理部门，并根据具体情况提出建议与意见。

（2）合同签订与用印、传递与使用

1）分包合同应在分包方进场前完成签订，原则上没有签订分包合同的，分包方不得进场实施实际作业。除特殊情况下采用“绿色通道”方式的。

2）正式合同文本由法定代表人或其授权委托人签署，并按法务管理相关制度的要求进行联签。签署后，商务部门专人审核相关评审会签记录、文本内容、授权文件和被授权签字等内容的有效性，符合要求的，提交用印申请，经审批通过后，由合同（印章）管理员办理签批后进行用印。

3）发包人指定分包方须签订的三方合同或协议，参照前述签署和用印原则办理。

4）合同签订后，应根据企业信息化基础编码管理规则统一编号，确保编号的唯一性。并由合同的业务主办部门建立相应的“新签合同管理台账”进行规范管理。

5）合同的主办部门负责将合同副本向分包方、相关部门与项目部、档案室等机构传递。包括借用、收发、保存、回收及销毁。

6）做好合同保密，任何人不得以任何形式泄露合同在订立和履行过程中涉及的商业与技术秘密。所有出借、复制均应登记受控。

（3）合同交底

1）分包合同签订后 5 天内，应由项目经理组织，项目商务经理向项目部全体人员进行交底，并形成有相应合同责任分解的交底书面记录，由参加人员签字，项目部与相应责任人员均应留存备查。

2）分包合同交底的内容包括但不限于：采用的合同文本情况；与发包人合同对比，合同中分包方责任明确、权利限制及风险转移等措施；分包方的主要义务；合同中引用的政府部门、发包方、承包方相关管理规定；合同价款组成及包含的内容；企业方的价款确认及付款审批流程；分包方可能的索赔事宜。

3）分包合同交底均应全面、具体，突出风险点与预控要求，且具有可操作性。上级法务/商务部门应对各类合同交底的落实情况进行监督检查，帮助提高交底质量。

4）合同交底涉及企业商业秘密的，应当注意做好保密工作，任何参与人员不得泄露交底内容；因管理需要调阅、复制相关交底文件记录的，均应登记受控。

（4）合同履行监控

1）各管理层级对于分包合同的履行均应进行定期与不定期的履行情况检查、督导，提升合同履行监控管理质量。

2）在建工程项目经理部至少每月应进行一次履约情况自查，填报《项目部商务月度报告》于次月5日前完成。

3）公司至少每季度应对在建项目进行一次履约检查，并在商务季报中总结汇报；企业商务管理部结合企业经济活动检查每半年对各公司合同履行管理工作进行综合检查。

### 4. 分包结算管理

（1）遵循“无合同，不结算”的原则，严禁对未签订分包合同的分包人办理任何形式的分包结算。

（2）项目预结算人员未按规定程序办理并经审批完成“分包结算表”，财务部门不得自行预估分包成本做账，更不得支付分包款项。

（3）分包合同中的分包工程结算条款一经约定，不得随意调整和变更。必须调整和变更时，应按照规定的分包合同评审程序进行评审，经评审同意后签订补充合同。

（4）项目分包工程结算应当按照分包合同约定及时办理，分包过程结算一般按月依据所完成形象进度办理，分包最终结算一般应在该分包工程完工后3

个月内办理完毕，特殊情况不得超过工程项目竣工后3个月。

（5）分包结算执行分包方报送、项目审核、公司审查制度。所有分包结算应形成规范的《劳务及专业分包结算表》。

1）项目部每月应依据分包工程的形象进度办理中间预结算（过程结算），由项目经理组织商务经理、生产经理、施工员、采购员、质安员和结算经办人会审。

2）中间预结算（过程结算）作为过程分包款项支付依据，财务部门据此暂列成本。但应明确中间预结算不作为最终结算的依据，且应于分包合同中进行清晰约定。

3）分包方在完成分包合同约定的全部工作内容后，项目部的相关人员应根据实际情况核实分包人的履约情况，项目经理在综合各方面意见后，决定是否同意办理最终结算。

4）分包合同中应明确结算资料报送时间与质量。分包方报送的过程结算资料至少应包括结算书、工程量计算式等，最终结算资料还包括分包合同原件、签证变更原件等。

5）分包最终结算经项目部工程技术、物资设备、质量安全及后勤办公等人员会签，经项目生产经理、商务经理审核，项目经理签批后，报公司审批签字确认后生效，作为进财务成本和支付的依据，分包最终结算原则上需以纸质版审核为主，必须附依据原始书面凭证办理，结算凭证包括合同、图纸、签证单等。

6）公司对项目部分包结算审查应主要侧重于审查相应分包结算是否按合同约定的方式与程序及计价、计量相关条款进行；审查结算资料是否齐全、是否为原件；审查结算书和任务书附件是否按规定进行会签；抽查费用相对较大子项的结算情况；审查我方在该分项工程上是否有合理利润空间或分包结算价是否符合当时市场行情；是否有重复结算的现象等。

7）各层级对分包结算的审核会签署内部管理流程，由预结算部门或岗位牵头办理，分包商不得参与。且相应资料属公司商业机密，在办理过程中应注意保密。

（6）项目部、公司商务管理部门应建立本单位《项目中间结算台账（分包分供合同)》，及时掌握各项分包工程进度与结算状况，发现问题及时采取措施。

(7)对于各单位已完成的分包结算，企业、公司归口管理部门应定期或不定期组织人员进行抽检或审查。原则上分包最终结算金额不得超过对应与业主的工程竣工结算金额，如有，应详细分析原因，属主观原因造成的应按相关规定对相关人员进行责任追究。

(8)企业每年对所属各公司进行两次分包结算管理情况检查，在分包管理工作中，出现以下工作失误致使企业蒙受损失的，经公司研究后应追究相关当事人责任，并处以一定金额的罚款。

1)变换工作岗位时，资料填报不全、不及时的；

2)擅自变更和调整分包工程结算范围和条件的；

3)分包结算额超过对应部分的主合同结算额的；

4)分包方签证索赔额大于对应的业主确认签证索赔额的。

## 5. 分包风险管控

(1)管理风险

由于管理制度不完善，管理控制不到位，没有分级授权管理，职责分离不适当，造成分包的采购、结算等核心环节缺少监控，可能导致舞弊行为，损害公司利益。

(2)分包企业风险

分包企业实力不强，素质较低，选择不当，不能按照要求完成合同内容，可能导致企业遭受损失，损害公司利益。

(3)法律风险

分包企业管理不规范，存在一定风险。通过加强企业内部管控措施，提高分包企业准入门槛，重点审查分包企业资质、业绩、实力、信誉，避免违法分包风险，减少诉讼纠纷。

(4)廉洁风险

通过扎牢制度的笼子，防止出现利益输送问题，健全不能腐的体制机制。

# 风险抵押管理

## 1. 适用范围及原则

（1）所有国内、外施工类、投资综合类、EPC 项目。

（2）项目风险抵押金实行按个人岗位标准缴纳，建立风险金个人专有账户。

（3）项目风险抵押金只允许以现金方式缴纳。

## 2. 项目管理风险抵押金缴纳

（1）职能管理部门

1）人力资源部

负责项目员工个人岗位职级的核定。

2）商务管理部

负责制定项目个人岗位风险抵押金需缴纳的标准、对项目是否完成责任书中的目标效益情况进行过程与最终考核。

3）财务部

依据核定的项目员工个人岗位职级及制度规定的缴纳标准，负责在账套设立个人岗位风险抵押的专用账户，并根据项目过程、最终考核情况负责收取、转返。

（2）缴纳时间

在职项目员工在项目部成立文件出台 30 天以内按对应的岗位缴纳；原已经缴纳风险金的员工按新的岗位转办。

（3）缴纳要求

项目个人岗位风险抵押金缴纳人员为：项目经理、项目班子、项目其他管理人员，缴纳金额由企业自定。

1）项目经理、项目班子成员必须缴纳项目个人岗位风险抵押金。

2）首次任职的项目经理、项目副经理，半年内按岗位缴纳标准的 50% 缴纳，上任后一年内补齐剩余 50%。

3）项目员工晋升、降职的，按履新的岗位标准核定额度缴纳，履新前已缴纳过风险抵押金的，差额部分按履新岗位额度多退少补。

4）未经批准逾期或未缴纳个人岗位风险抵押金的项目班子成员自逾期之日起不再享受项目班子待遇，直至按规定缴齐后方能恢复，逾期三个月后将重新调整该员工岗位。

### 3. 项目管理风险抵押金返还

（1）项目部完成《项目部责任书》全部内容，公司进行项目部终期评价后，应根据《项目部管理成果认定书》及时办理项目管理风险抵押金返还。

（2）对于非项目班子成员，以缴纳原值加缴存期利息之和计算应返还额。

1）按同期银行贷款利率的1.3倍计算缴存期利息，以单利形式计算。

2）员工被认定存在重大管理失职、失误的，则由公司成本管理委员审议后，决定减半返还或不予返还。

（3）对于项目班子成员，以项目部最终是否完成《项目部责任书》的责任利润目标为标准，未完成时，不予返还；完成时，按同期银行贷款利率的1.3倍计算缴存期利息，以单利形式计算。项目班子成员被认定存在重大管理失职、失误而被辞退、开除的，应全额罚没其项目管理风险抵押金，不予返还。

（4）对于项目班子成员在集团（局）范围内各单位之间的岗位调动，按下列情形办理返还：

1）若项目当期成本考核能完成《项目部责任书》目标，则调动当期全额办理返还；

2）若项目当期成本考核不能完成《项目部责任书》目标，但预计后期能完成目标，则在能完成目标的考核期全额办理返还；

3）若项目当期成本考核不能完成《项目部责任书》目标，且考核预计项目完工时整体也不能完成《项目部责任书》目标，则不予返还。

4）返还时，按同期银行贷款利率的1.3倍计算缴存期利息，以单利形式计算。

（5）员工在项目实施过程中，正常调出集团（局）范围或主动辞职的，按缴存期同期银行贷款利息计算利息，与本金一并返还。且应在相关手续办理完成时一并及时办理完返还事宜。

（6）员工因办理转抵等原因，在多个项目均留存有项目管理风险抵押金的，应按不同项目分别计算返还额并分别返还。

（7）员工兼职多个项目岗位，按公司规定缴纳项目管理风险抵押金的，应按不同项目分别计算返还额，不同项目的实际缴纳额原值按其总缴纳额与各项目不同总产值比例划分，各项目具备返还条件时分别办理返还。

# 预结算管理

## 1. 投标预控

（1）公司应建立健全投标预算责任制度。每次投标，均应按相应策划成立专门的投标报价组织机构，对投标预算编制、审核人员合理分工，明确责任。

（2）投标预算书应根据招标文件、市场调查、现场调查、主要施工技术方案等进行初稿编制，经投标决策后，进行相应调整形成符合招标要求的正式投标报价文件。

（3）投标预算书编制同期，应按规定进行投标成本测算，作为项目责任成本测算的基础和项目成本管控的参考。对按国家或地区定额计价的投标工程，或采取费率投标和按地区定额计取下浮率计价的投标工程，可只对预期成本及利润情况进行定性预测。

（4）项目开标后，无论中标与否，投标预算编制责任人均应收集汇总相关开标信息，分析总结项目投标报价情况，并会同其他参与投标的专业线条形成《项目投标总结》。其中投标分析与总结的内容应包括项目主要特征、预算编制情况、主要技术经济指标、成本测算分析资料和竞争对手的报价情况及对竞争对手的分析等；根据有关分析资料，建立健全投标报价数据信息库。

（5）各公司均应建立健全投标预算和报价管理台账，并与投标报价数据信息库相对应。

（6）项目中标后，投标管理部门应组织具体投标预算编制人员向相关部门及项目部进行投标报价交底，并移交相关资料。

## 2. 主合同结算

（1）所有施工主合同签订时，应就工程结算的办理时间、审结程序以及结算款的收取等进行清晰约定。

（2）集团（局）对公司的主合同结算进行计划管理与绩效考核。

1）公司商务管理部门应结合本单位实际情况，制定年度主合同结算计划，确定合理的目标结算率，填报本年度的主合同《结算计划完成情况》，同时对本年度的重点结算项目予以明确，经本单位总经济师审核后，于当年1月5日前报集团（局）商务管理部。

2）集团（局）商务管理部根据各公司的结算计划，于当年1月31日前下达全集团（局）各公司主合同结算考核指标，全年进行督导、考核。

（3）主合同结算办理均应进行策划，项目主合同结算办理责任人及团队应在结算书编制前形成《结算策划书》。

结算策划应包括：根据企业方实际履约情况和合同条款再次分析利弊，制定总体结算对策与目标；分析现行的政策法规，结合发包人审批的施工组织设计、设计变更、签证等，确定对企业方有利的套价方法与计价程序；从计量技术的角度出发，制定对企业方有利的计量措施；检查索赔资料的完整性与说服力，确定索赔的谈判方式；各层级对接、沟通策略与责任分配。

（4）各层级应不断强化过程计量（中间结算）管理意识，提高计量水平。

1）合同工期超过1年的工程，施工过程中应该争取进行中间结算；停缓建工程没有明确重新开工时间的，必须及时办理中间结算，建立完整的项目中间结算台账。

2）项目部应做好施工过程中已完工程量的确认工作，及时向业主提交已完工程量和《合同价款调整报告》，及时组织专业人员进行过程计量对审，力争形成《工程合同价款中间结算确认报告》。

3）如合同无特殊规定，业主在规定期限内未能核实过程计量也无明确答复的，项目部应按照已经报送的工程量和合同规定的付款时间要求业主支付工程进度款。

（5）主合同结算办理应由项目经理负责，项目商务经理具体组织造价工程师等造价专业人员，会同其他专业人员完成结算书编制和报送工作。

1）工程项目主合同结算的第一责任人是项目经理，原则上工程主合同结算未完成，该项目经理不得另行安排工作。

2）项目经理应组织项目部相关人员进行结算交底，设计变更签证和相关经济资料交经办预算员核对，原则上结算具体经办人员应为该工程项目原造价管理人员。

3）结算书初稿完成后，由项目部进行初审，完善后的结算书按照分级授权原则上报公司进行评审和审批并填写《项目部工程结算评审表》《工程结算报审表》。项目部根据上级评审意见再次对结算书进行修改完善，并在规定时间内向业主和其指定审核机构递交经批准的结算书文件及完整结算资料，并取得有效的签收记录。同时公司商务管理部门应上传至企业数字化平台并留存一份原件备查。

4）项目主合同结算书报送前，应由公司下达对应的结算目标责任状。该责任状必须明确结算办理责任人与团队应完成结算额目标、时限及相应的奖罚措施。

（6）主合同结算报告及相应结算资料必须在合同约定的时间内报送。如合同未约定，要求不晚于工程竣工验收后28天。合同有分段结算约定的按约定分段办理结算；合同无分段结算约定的，应按照工程进度分段进行结算准备，要求每阶段完工后28天内做到本阶段结算资料准备齐全有效。

（7）主合同结算办理过程中，结算办理责任人应积极沟通，全程盯办，及时向上级单位汇报结算办理过程的重、难点。公司应不少于2个月召开一次主合同结算督导会，对所属项目结算办理进行梳理、督办，对重、难点项目实施领导联点机制，确保对审顺利、目标保障。

（8）当业主或结算审计单位到期未能完成结算审查时，应发函督促并明确结算审查期限。自工程竣工之日起将到六个月仍未能完成结算时，公司应及时分析有关情况，采取有效措施，必要时，可采取相应措施以保证我方的优先受偿权。

（9）除特别授权外，项目最终结算额的接受确认应经公司授权批准人同意。

（10）项目部应严格按合同约定先办理工程结算再办理备案，禁止项目部为满足发包人项目备案需要开具虚假“结算证明”。特殊情况应当报法人单位层级审批同意后，方可办理。

（11）项目结算办理涉及的各类经济技术资料的编制、收集、确认、审查、整理、归档等工作由项目商务经理负责，应确保文件和资料准确、真实、完整。项目完成后，全部移交公司商务管理部门保存，直至按规定移交档案管理部门。

### 3. 签证及索赔

（1）项目签证索赔应遵循“勤签证、精索赔”的原则；先签证，若签证不成再进行索赔，且签证不成即应进入索赔程序；努力以签证形式解决问题，减少索赔事件发生；坚持单项索赔，减少总索赔。

（2）公司应建立健全本单位的签证索赔体系，明确各相关岗位及人员责任机制。通常由项目部技术工程师或现场工程师负责发起提出对发包人的签证索赔，项目部工程部门负责计算工期的签证索赔，项目部商务部门负责计算量、价签证索赔，经项目经理批准后对外报送、跟进、办理。重大索赔事项需报公司，必要时成立索赔工作小组，索赔报告经总法律顾问、总经济师审核。

1）由技术工程师发起提出的签证索赔包括：发包方未按约定交付设计图纸、技术资料、批复或答复请求；非我方过错，发包方指令调整原约定施工方案、施工工艺、附加工程项目、增减工程量、变更分部分项工程内容、提高工程质量标准等；由于设计变更、设计错误、数据资料错误等造成工程修改、返工、停工、窝工等。

2）由现场工程师发起提出的签证索赔包括：发包方未按约定交付施工现场、提供现场与市政交通的通道、接通水电、批复请求、协调现场内各承包方之间的关系等；工程地质情况与发包方提供的地质勘探报告的资料不符，需要特殊处理的；非我方过错，发包方指令调整原约定的施工进度、顺序、暂停施工、提供额外的配合服务等；由于发包方错误指令对工程造成影响等；发包方在验收前使用已完或未完工程，保修期间非承包方造成的质量问题。

3）由质量工程师发起提出的签证索赔包括：发包方未按约定标准和方式检

验验收；合同约定或法律法规规定之外的额外检查。

4）材料、机械工程师发起提出的签证索赔包括：发包方未按约定的标准或方式提供设备材料；发包方指定规格品牌的材料设备市场供应不足，或质量性能不符合标准；发包方违反约定，指令调换原约定的材料设备的品种、规格、质量等级、改变供应时间等。

5）由项目财务会计发起提出的签证索赔包括：发包方未按约定支付工程价款的；非承包方过错而发包方拒绝或迟延返还保函、保修金等。

（3）应规范工程签证索赔的工期与费用计算、提交报告文函及证据资料等环节管理，发包人及合同无明确约定的，应按签证索赔资料模板及相应计算与证据规范等办理，并建立《签证索赔台账》。

1）费用签证索赔计算应按照合同约定的方式或者双方（业主与承包人）认可的其他方式计算。

2）工期延误若未发生在关键线路上，但此延误改变了原进度计划的关键线路，使得由此延误的发生而影响了工程进度计划，则将此延误事件的进度放入整体进度计划中，计算相应延误工期。

3）工期延误若发生在关键线路上，则直接将此延误放入整体进度计划图中，计算整体工期受到影响的天数，计算出延误工期。

4）工程签证索赔计算结果应包含对应的经济补偿额度和（或）工期顺延时间具体的计算方法和过程，且应包括签证索赔总额和各分项签证索赔额的详细计算。

（4）工程签证索赔的证据应当符合真实性、全面性、关联性和及时性要求，并应具有法律证明效力。

1）真实性。工程签证索赔证据应当是在实施合同过程中确定存在和发生的，以事实为依据；

2）全面性。所提供的证据应能说明事件的全过程。工程签证索赔申请中涉及的签证索赔理由、事件过程、影响、索赔数额等都应有相应证据；

3）关联性。工程签证索赔的证据应当能够互相说明，相互具有关联性，不能互相矛盾；

4）及时性。工程签证索赔证据的取得及提出应当及时，符合合同约定；

5）具有法律证明效力。一般要求证据应是书面文件，有关记录、协议、纪要应是双方签署的；工程中重大事件、特殊情况的记录、统计应由合同约定的发包人现场代表或监理工程师签证认可。

（5）严格管控发包人向企业方进行的反索赔。发包人提出的反索赔具体由公司商务法务部门专门组织处理，并经本单位授权人批准，且该类事宜的发生、处理、结果应上报到法人单位层级的商务法务部门备案。

（6）项目经理、项目商务经理是工程签证索赔的第一责任人与直接责任人，应对项目部各类签证索赔管理结果负责。

## 4. 检查与考核

（1）企业每年对集团（局）属各公司进行两次预结算管理工作检查，并将检查情况在全集团（局）通报，检查内容包括：贯彻执行国家法律法规、集团（局）文件、通知情况及效果；年度工程结算率完成情况；结算资料的报送情况；造价资料的管理情况；结算报表的报送及时性、准确性；建造合同的执行情况；结算奖罚情况等。

（2）企业于每年年终，按年初下达的竣工结算率指标对各公司进行主合同结算绩效考核，考核结果作为各公司主要领导和分管领导的年度工作绩效考核依据之一。

（3）企业建立已完工程竣工结算季报制度，对工程竣工结算办理情况定期进行重点跟踪检查，对逾期未向业主报送工程竣工结算资料或工程竣工结算办理严重拖延的，企业将在每季度结算总结中对所属公司予以通报。

（4）主合同结算责任状中应明确规定结算送审时间、审结时间、结算保底额和结算目标额及相应的奖罚标准，并及时兑现。

（5）涉及工程预结算管理各具体岗位角色的具体线上操作职责与要求，如合同预算书、产值报量、甲方报量、建造合同等，执行企业发布的相关标准。

（6）在办理主合同结算工作中，出现以下工作失误或失职行为，致使企业蒙受损失的，经公司研究后应追究相关当事人的责任，并处经济罚款。

1）未按规定时间完成结算书的编制，影响结算书的及时送审。

2）结算书中出现大的缺陷；或结算依据资料原件丢失或损坏。

3）不办理或未按规定的时间办理设计变更、签证索赔资料。

4）变换工作岗位时，资料交接不清的。

5）合同约定了不可调整但实际发生的索赔事件，当事人没有形成索赔报告，或形成报告没有有效的签字证明或其他证明。

6）无特殊原因工程结算不能按时完成的；或工程竣工结算额没有达到保底结算额。

## 风险预警

### 1. 风险管理的目标与原则

（1）企业开展全面风险管理要逐步分阶段实现以下总体目标：

确保企业在开展业务过程中能够遵守有关法律法规和相关的制度要求；

形成良好的风险管理氛围，使全体员工强化风险管理意识；

确保企业全面风险管理制度和为实现经营目标而采取重大措施的贯彻执行，保障经营管理的有效性，提高经营活动的效率和效果，降低实现经营目标的不确定性；

确保能及时、准确地发现企业各种风险因素，提出有效的风险控制措施，监督风险控制措施的实施；

确保企业建立危机处理机制，保护企业不因灾害性风险或人为失误而遭受重大损失，降低企业经营管理中发生风险的概率，同时将风险损失降低到可接受的范围；

建立企业的风险事件信息库，为企业经营决策、日常运营提供支持。

（2）企业风险管理应当遵循全面、合理、密切联系的原则，确保风险管理的有效性。

1）全面性：风险管理应当做到事前、事中、事后控制相统一，覆盖企业及各下属单位，并针对生产经营与业务操作全过程开展风险管理工作。

2）合理性：风险管理应本着从实际出发、务求实效的原则，以对重大风险事件的管理和重要流程和内部控制为重点，与企业经营规模、业务范围、风险状况及企业所处的环境相适应，以合理的成本实现风险管理目标。

3）密切联系性：企业开展全面风险管理工作应与其他管理工作紧密结合，全面风险管理必须服从于企业经营管理活动。

## 2. 风险管理体系与职责分工

（1）企业风险管理的组织体系由董事会、风险管理委员会、审计委员会、总部各部门及各下属单位内设的有风险管理职能的部门或岗位构成。

（2）董事会在全面风险管理方面主要履行以下职责：

审议并向上级单位提交企业全面风险管理年度工作报告；

确定企业风险管理总体目标、风险偏好、风险承受度，批准风险管理策略和重大风险管理解决方案；

了解和掌握企业面临的各项重大风险及其风险管理现状，做出有效控制风险的决策；

批准重大决策、重大风险、重大事件和重要业务流程的判断标准或判断机制；

批准重大决策的风险评估报告；

批准内部审计部门提交的风险管理监督评价审计报告；

批准风险管理组织机构设置及其职责方案；

批准风险管理措施，纠正和处理任何组织或个人超越风险管理制度做出的风险性决定的行为；

督导企业风险管理培育；

全面风险管理其他重大事项。

（3）董事会下设风险管理委员会。主任委员由总经理担任。总部各部门负责人为风险管理委员会委员。

总部各部门应当设立风险管理岗位。各子公司、直营公司应当设立风险管理职能部门。

（4）总经理对全面风险管理工作的有效性向董事会负责。总经理负责主持全面风险管理的日常工作，负责组织拟订企业风险管理组织机构设置及其职责方案。

（5）风险管理委员会对董事会负责，主要履行以下职责：

提交全面风险管理年度报告；

审议风险管理策略和重大风险管理解决方案；

审议重大决策、重大风险、重大事件和重要业务流程的判断标准或判断机制，以及重大决策的风险评估报告；

审议内部审计部门提交的风险管理监督评价审计综合报告；

审议风险管理组织机构设置及其职责方案；

办理董事会授权的有关全面风险管理的其他事项。

（6）法律事务部是企业全面风险管理工作的归口管理部门。全面风险管理归口管理部门对总经理负责，行使和履行以下主要职责：

研究提出企业全面风险管理制度、管理办法等；

负责编制企业全面风险管理年度报告和专项报告；

研究提出企业全面风险管理绩效考核方案和年度绩效考核评定结果，并负责企业风险监督改进工作；

研究提出企业全面风险管理组织机构设置及其职责方案；

研究提出企业开展的年度和专项风险管理工作的提议和具体实施方案；

负责组织协调全面风险管理日常工作，研究提出全面风险管理的改进方案，监督重大风险应对方案的组织实施并实行日常监控；

根据企业管理需要建立风险管理信息系统，制定企业风险管理文化培育与宣贯工作方案和计划，组织风险管理培训；

负责指导监督本职能部门或业务单位的风险管理内部控制子系统；

办理全面风险管理对外协调工作和领导交办的其他工作。

（7）企业董事会下设的审计委员会负责指导企业审计部门开展对全面风险管理的相关审计工作。企业审计部门在审计委员会的业务指导下，主要履行以下职责：

负责研究提出全面风险管理监督评价体系；

制定监督评价相关制度，开展监督与评价，出具监督评价审计报告；

对全面风险管理归口部门和各业务部门的风险管理工作的有效性进行检查和评价，将审计结果及时报送审计委员会，并根据审计委员会的审议决定报送董事会。

（8）企业其他各部门负责本部门具体业务的全面风险管理工作，并接受风险管理归口部门的组织、协调、指导和监督，主要履行以下职责：

负责落实企业全面风险管理工作要求，建立健全本部门风险管理内部控制制度和工作流程，保证全面风险管理体系有效运作；

研究提出本部门重大决策、重大风险、重大事件和重要业务流程的判断标准；

研究提出由本部门负主导管理责任的重大风险管理应对方案，对方案的执行情况和风险变化情况进行监控；

建立本部门风险管理信息系统的工作；

负责本部门全面风险管理工作实施情况和有效性的监督检查和综合评估；

做好本部门风险管理文化建设的有关工作；

办理本部门风险管理其他有关工作。

（9）各子公司、直营公司可参照上级企业制定全面风险管理办法，其全面风险管理工作由公司总经理负责，公司全面风险管理职能部门统筹本公司的全面风险管理工作。

各子公司、直营公司应当接受上级企业各部门的指导和监督，配合上级各部门开展全面风险管理。

（10）企业在实施全面风险管理过程中，将按照企业的实际情况建立全面风险管理三道防线：

第一道防线，企业各有关职能部门负责在具体业务中贯彻执行风险管理基本流程，定期提交本部门的重大风险评估报告；

第二道防线，由企业风险管理归口部门协调、指导、组织相关部门就跨部门重大风险提出解决方案、出具评估报告；

第三道防线，由企业审计部门对全面风险管理工作的执行情况进行考核、监督检查。

### 3. 风险评估

（1）风险评估包括风险识别、风险分析与风险评价三个步骤。

（2）企业法律事务部负责制定企业风险分级标准、风险评估方法与标准、风险评估工作要求等。

（3）企业各业务部门负责各自业务范围内的风险评估工作，并将风险评估结果报至企业法律事务部。

（4）企业法律事务部依据企业的风险评估方法与标准对汇总的风险评估材料计算风险水平，根据对风险发生的概率及其产生结果的影响程度进行风险评估，并出具风险评估报告或意见书。

### 4. 重大风险应对方案

（1）重大风险，指经过风险评估所确定的，风险水平相对较高的风险。重大风险应对方案包括风险管理策略和风险控制措施：

风险管理策略，指企业根据内外部环境，根据企业发展战略、确定风险偏好、风险承受度、风险管理有效性标准，而选择制定的包括风险接受、风险规避、风险转移、风险降低等适合风险管理工具的总体策略；

风险控制措施，指企业根据风险自身的特点，从制度、流程、组织、职能等方面入手，综合考虑成本效益，提出的具体可行的风险控制措施。

（2）重大风险应对方案的制定，需要考虑重大风险自身的特点，综合管理层风险偏好、风险承受度等因素。

对于已经发生的风险事件，应当提出化解措施；对于尚未发生的风险事件，应当提出风险预防措施。

（3）企业各业务部门负责本部门具体业务中的重大风险应对方案的制定工作，并指导各子公司、直营公司制定相关业务的重大风险应对方案。

（4）对各子公司、直营公司能够独立应对的重大风险，由公司制定重大风险应对方案。对各子公司、直营公司不能独立应对的重大风险，应当上报企业相关业务部门请求协助。

1）对企业各业务部门能够独立应对的重大风险，由企业各业务部门制定重大风险应对方案。对企业各业务部门不能独立应对的重大风险，应当报企业全面风险管理委员会，由全面风险管理委员会协调制定应对方案。

2）经企业全面风险管理委员会协调仍无法应对的重大风险，由全面风险管理委员会上报企业董事会，由董事会进行决策。

（5）各类重大风险应对方案经风险管理委员会审议并提交董事会批准后实行。由各风险管理部门督促发生风险的相关公司、项目落实应对方案，并反馈风险应对进展情况。

## 5. 风险管理的监督与考核

（1）企业以重大风险、重大事件和重大决策、重要管理及业务流程为重点，对风险管理初始信息、风险评估、风险管理策略、关键控制活动及风险管理解决方案的实施情况进行监督。

（2）企业法律事务部负责定期对风险管理工作实施情况和有效性进行监督和检查，提出调整或改进建议，出具评价和建议报告。

（3）企业各业务部门负责对企业及下属单位相关业务范围内的风险管理工作进行监控，将监控结果汇总至企业法律事务部。

（4）企业各业务部门跟踪企业及下属单位各个重大风险监控指标变化情况，对重大风险管理策略的执行情况和重大风险解决方案的实施情况进行检查，包括解决方案的执行进程及其对相关风险的实际控制效果。

（5）企业法律事务部负责对本单位的风险管理工作进行监督检查，并对识别出的各类风险制定风险管理应对方案，并组织实施，确保各项措施落实到位，形成结论报告并报送上级单位。

（6）企业法律事务部通过定期的《风险监控分析报告》，将评估和检查结果报送风险管理委员会，风险管理委员会定期审阅风险管理归口部门报送的《风险监控分析报告》，并出具批示意见。

（7）企业审计部门负责对集团（局）法律事务部工作整体效果进行监督检

查和评价，可结合年度内部控制审计，对包括各级风险管理机构在内的各相关部门，能否按照有关规定开展风险管理工作及其工作效果进行监督评价，并将审计结果报送风险管理委员会、审计委员会。

（8）企业应当将全面风险管理工作纳入经营考核体系中。

### 6. 全面风险管理信息系统

（1）企业在已有管理信息系统的基础上，逐步补充、调整、更新已有的管理流程和管理程序，建立涵盖风险管理基本流程和内部控制系统各环节的风险管理信息系统。

（2）企业法律事务部负责研究提出风险管理信息系统建设需求，确定收集信息的职责分工，并落实到各业务部门和各下属单位。

（3）企业各业务部门和各下属单位应及时、准确地向风险管理信息系统输入业务数据和风险量化值，并能够保证相应风险数据和量化值的一致性、准确性、及时性、可用性和完整性。

（4）企业信息化管理部负责确保风险管理信息系统的稳定运行和安全。

## 考核评价

### 1. 适用范围及基本原则

（1）适用于对国内、外所有施工类项目的项目经理或项目执行经理的考核评价。

（2）对项目经理的考核评价坚持“法人管项目”与“业绩导向”的原则。坚持以《项目部责任书》完成情况为主要依据，奖优罚劣，促进项目经理履约责任意识和履约能力的不断提升。

### 2. 考核评价实施

（1）项目经理业绩考核评价以“定量考核评价”得分为主，“定性考核评估”

作为修正项。“定性考核评估”以达到公司的基本要求为基准值1，在0.8~1.2的范围内确定修正系数。

（2）项目经理的考核得分=定量考评得分×定性考核修正系数。

（3）各公司于每年5月底前对上年度本单位所竣工结算完毕的项目，对照其《项目部责任书》的各项目标进行完成情况考核，于5月底将考评结果形成《竣工结算项目项目经理考核评分汇总表》，上报企业，组织最终考核评价。

1）各公司对项目经理的考核评价应结合项目承接及项目实施过程中市场环境进行客观分析并形成书面分析材料，其中公司考核评价得分低于50分的，应形成书面分析材料报考评小组。

2）考评小组由企业商务管理部牵头，于每年6月对各公司上报的考评结果进行评估汇总，组织集体会审。

3）企业考评小组完成会审后，将考评结论报分管领导审批形成最终考评结论。由集团（局）人力资源部建立、更新相应项目经理业绩档案，并对相关的项目经理进行通报。

# 05 应用

## 商务信息化管理

在数字化大数据管理的趋势下，建立信息化管理思维尤为重要。企业利用信息化大数据平台进行商务管控已成为趋势。避免数据重复报送，报表将自动生成，所有数据实现线上取数，集成共享，充分运用数据管理平台，提高工作效率，进行实时风险预警，助力企业管理升级。

企业信息化管理，不是简单地运用OA协同平台等片面的认识，而是现代化企业加速管理变革的催化剂，是以信息化带动工业化，贯穿企业生产经营全业务流程，实现企业现代化与高质量发展的过程。企业在商务合约数字化管理方面，主要应用于材料、设备、劳务的对外招标，其中材料、设备是构成工程预算的基本要素，费用占工程造价的比例一般都超过50%，对项目的盈亏起着决定性作用。通过对物资管理、商务管理系统的有效应用，能够规范业务管理行为，同时保存、积累大量的数据，当业务系统产生的数据积累到一定量时，可通过大数据管理平台来挖掘这些数据和信息价值，按照不同时段、地域、供方对设备及材料价格进行分析，能有效指导企业开展招标采购工作，尤其是在EPC项目招标采购过程中具有很好的指导意义。与此同时，建筑施工企业可以通过集采平台的应用，有效降低围标串标现象，避免因为供方恶性竞争给企业造成损失，同时减少人为操作带来的廉洁风险。通过数字化管理建设，以合同、成本、物资、分供方、结算管理为着力点，借助NC系统的运用，以信息化促进企业数字化管理，提高建筑企业物资和商务的管理水平，从企业降本增效和风险防范两方面支撑企业高质量发展、差异化竞争和可持续发展战略，推广优秀管理方法和成果；从集团（局）、公司、项目三个层面的管理行为和流程的规范性、具体工作效果有效性和及时性进行检查监督与分析改进，达到提高生产力、降低成本、增强竞争优势的目的，最终实现企业效益最大化。

## 商务信息化管理流程

企业信息化管理应完善信息化管理流程，建立商务合约信息化管理架构，从项目准备阶段、施工阶段直到收尾阶段进行全过程管控：企业采购平台为项目资源配置提供优质服务和规范标准；NC业务系统的运用，简化项目成本管控的程序及流程；智慧工地作为集成系统，为项目运营的方向和质量保驾护航；轻量化平台的运用，灵活高效地进行成本数控和合理调配。企业运用数字化管理平台，实现“集团管控集约化、业务管理高效化、资源配置精细化、生态协同平台化”的企业数字化战略规划目标。商务信息化管理架构流程见图5-1。

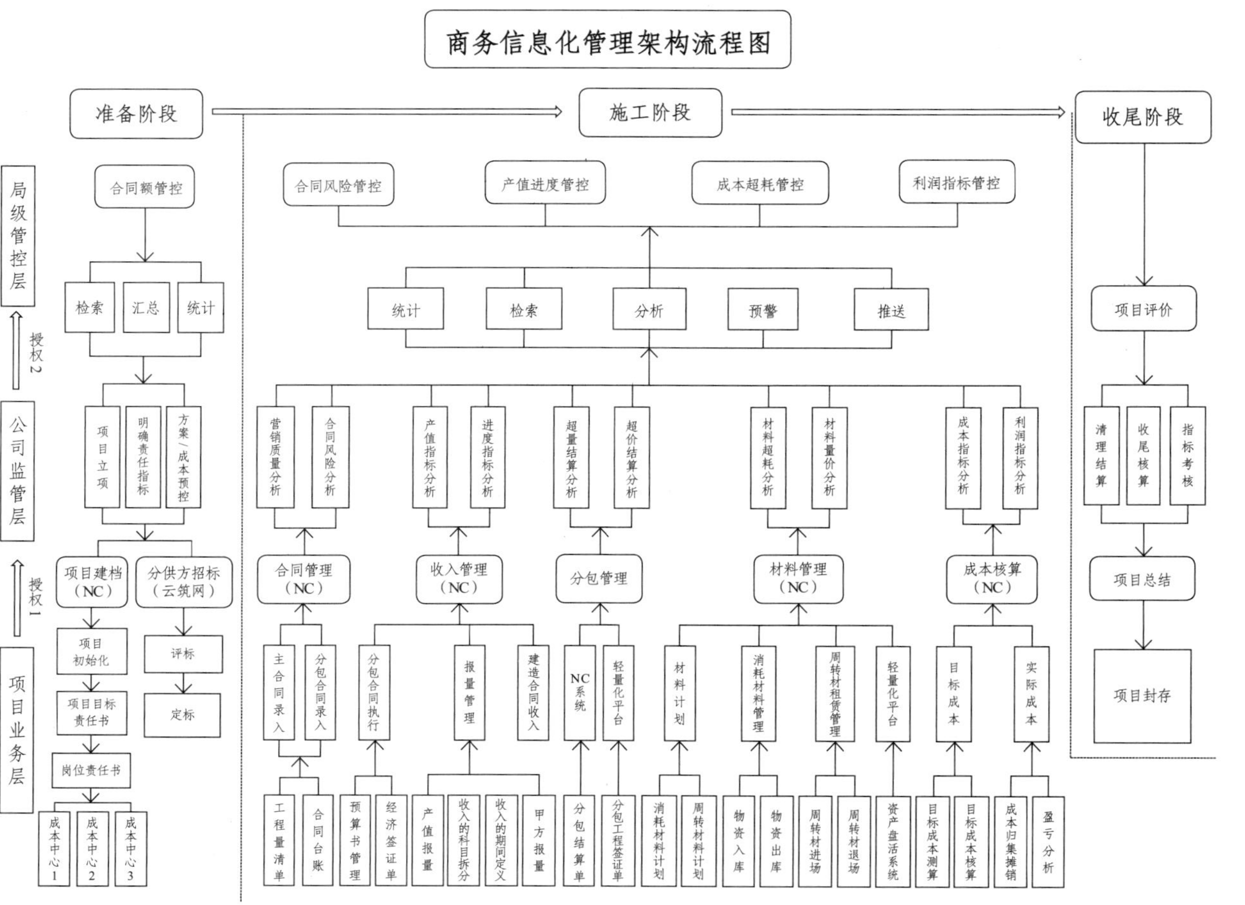


图 5-1 商务信息化管理架构流程图

# 商务信息化管理主要内容

## 1. 企业采购平台集采

（1）采购平台及方式

通过在企业采购平台进行集采工作，实现优质化采购。目前有四种采购模式，分别是：公开招标、邀请招标、竞争性谈判以及单一来源采购，项目主要采用公开招标方式。

（2）企业采购平台操作流程

1）约标：①确定招标内容；②确定招标清单；③确定招标公告内容；④发布招标公告；⑤查看报名情况；⑥资审结果通知。

2）发标：①投标报价格式；②开标人设置；③招标文件内容；④生成招标文件；⑤查看回标情况。

3）开标：①评标设置；②开标设置；③开标大厅；④开标结果。

4）评标：①设置评标人；②投标汇总。

5）定标：①定标报告；②定标结果；③合同签订。

（3）企业采购平台集采内容

钢材、商品混凝土、模板、木方、铝模等。

（4）企业采购平台集采效果

1）集采数量大，价格优惠，可降低项目成本。

2）集采可规避投标人围标及恶意压价风险。

3）集采后项目选择性广、降低物资供应履约风险。

4）集采单位长期合作，材料质量有保证。

5）直接签订集采供应商，减少项目招标流程。

6）统筹安排，可实现材料的合理调拨。

## 2. NC 管理系统

（1）NC 系统简介

NC 系统主要由人力资源、财务资金、市场营销、商务合约、生产技术组成，结合大数据、云计算等先进技术，采用结构化、模块化等架构形式，充分利用“互联网+”思维，深入推动管理与制度创新，完善商务合约信息化管理体系，规范商务合约信息化管理流程，用信息化管理倒逼内控管理升级，实现数据精准、可靠，利于企业预警决策。

（2）NC 系统操作流程

1）项目建档：①项目初始化（项目初始化设置、项目 WBS 结构定义、项目成本项目定义、项目期间维护）；②项目目标责任书；③岗位责任书。

2）合同管理：①合同基本信息（主合同）；②合同签订录入（总承包合同、分包合同），并生成《工程量清单》《合同台账》。

3）收入管理：①合同执行（预算书管理、经济签证单）；②报量管理（产值报量、考核预算收入、收入的科目拆分、收入的期间定义、甲方报量）；③建造合同收入，并生成《公司计量收入情况分析》《项目变更签证索赔台账》。

4）供方管理：①分包管理（分包结算单）；②设备管理（设备租赁结算单）；③其他合同结算，并生成《分包结算台账》《分包合同结算明细台账》《劳务/专业供方扣款台账》。

5）物资管理：①材料计划（消耗材料计划、周转材料计划）；②消耗材料管理（采购订单、物资入库、物资出库、采购结算、盘点）；③周转材料租赁管理，并生成《物资盘点明细表》《物资盘点汇总表》《项目物资结算台账》《入库/出库流水账》《入库/出库明细表》等。

6）付款管理：付款申请单。

7）成本管理：①目标成本；②实际成本（实际成本归集与摊销），并生成《成本统计主表》《人工费明细台账》《机械费明细台账》《周转材租赁明细表》《消耗材明细台账》。

通过各个版块的数据录入，最终生成报表：商务季报、三算（预算、目标、实际）对比表。便于领导决策层直观了解项目整体管理情况。

（3）NC 系统效果

1）信息化业务替代：坚持“线上为主、线下为辅”，单据在线应用、流程在线审批、打印模板存档、报表自动生成；

2）功能体现：灵活应用查询条件、小计合计、穿透、联查功能，起到汇总、解锁、分析、预警作用。

3）资料在线保存共享、用数据替代人跑腿、系统报表用于分析、运营数据在线获取，为管理者和决策者提供主要的经济参考依据。

### 3. 智慧工地

（1）功能特点

成本管控系统充分利用信息化大数据集成，反映项目各类经济指标运行情况，对主要关键指标，实行在线监督，实现动态管理。当责任指标与实际完成指标出现偏差时，系统及时预警，项目管理人员根据预警情况进行分析，找出存在问题，提出整改意见，及时纠偏。

（2）管理指标

责任指标：是项目管理指标的基准，实际指标完成情况与责任指标对比分析。

主材节超：分析钢材、混凝土、水泥、防水等主要材料节超情况，作为项目成本分析及晒成本数据支撑。

管理动态：记录项目成本管控工作，主题活动包括商务策划、成本分析、变更创效推进等内容。

利润情况：分析项目开累盈亏情况，未达责任指标，系统预警，采取解决措施，及时纠偏。

产值确权：分析业主开累已确权收入，通过确权率，反映项目应收计量款情况。

变更创效：分析变更创效完成额、创效利润、创效率，实时掌握项目创效推进情况。

（3）功能应用

责任指标：均以《项目目标责任书》下达的指标为准。

主材节超：确定策划节超率，根据施工图确定主材收入量，通过材料计划、进场验收、限额领料、耗用盘点等环节控制，进行对比分析，确保数据及时性、准确性。

管理动态：通过系统后台设置，系统管理员填报，照片采用水印相机，文字描述内容按新闻六要素（时间、地点、人物、事件的起因、经过、结果），需经项目商务经理审核后方可使用。

利润情况：按现场形象进度确认收入，对应发生成本及时归集，收入及成本数据同进同出，时间节点一致，摊销原则统一。

变更创效：依据与公司签订《创效责任书》实施，变更创效完成额以业主批复为准，创效利润以公司考核为准。基础设施智慧工地平台商务管控模块见图 5-2。

图 5-2　基础设施智慧工地平台商务管控版块

## 4. 轻量化平台

（1）零星用工管理

1）推行目的：零星用工辅助成本管控从复杂走向简便，取消纸质资料，从电脑走向手机。

2）过程实施：现场发生零星用工，施工人员随时随地进行拍照、记录、上传，电脑客户端自动汇总形成台账，分包结算自动同步零星用工。

3）应用效果：

①规范管理：规范合同外用工，解决结算不及时的问题，并做到月结月清。

②准确及时：现场发生现场录入，系统自动定时汇总，加强数据准确性。

③数据可穿透：与 NC 系统结算单打通、支持单据反向联查。解决二次录入的问题。

（2）资产盘活管理

1）推行目的：主要对空余物资进行可周转信息共享，方便项目及时调拨、有效周转。

2）过程实施：项目人员将剩余物资、工具机具、周转材等物资信息（包括图片、数量、金额等数据）录入系统，有需要的项目可随时进行线上下单。

3）应用效果：

①减少了周转材 / 机具闲置、丢失的问题。

②公司可周转资产实现了快速流通、交易。

③资产可按轨迹查询，可合理调配资源。

## 5. 数据源（样表）

项目盈亏分析见表 5-1，预算与目标成本对比分析见表 5-2，实际成本统计分析见表 5-3，项目变更签证索赔台账见表 5-4，公司计量支付情况分析见表 5-5。

表 5-1

**项目盈亏分析**

项目名称：　　期间：　　WBS：　　报表项目设置：
金额单位：　　统计分析类型：

| 序号 | 名称 | 总预算收入 | 总目标成本 | 已完部分 | | | | | | | | | | 未完部分 | | | |
|---|---|---|---|---|---|---|---|---|---|---|---|---|---|---|---|---|---|
| | | | | 预算收入 | | 目标成本 | | 实际成本 | | 盈亏 | | 成本降低 | | 未完收入 | 未完成本 | 盈亏额 | 盈亏率 |
| | | | | 本期 | 累计 | 本期 | 累计 | 本期 | 累计 | 预算－实际 | 盈亏率 | 目标－实际 | 降低率 | | | | |
| 01 | 人工费 | | | | | | | | | | | | | | | | |
| 02 | 材料费 | | | | | | | | | | | | | | | | |
| 03 | 机械费 | | | | | | | | | | | | | | | | |
| 04 | 现场经费 | | | | | | | | | | | | | | | | |
| 05 | 分包工程费 | | | | | | | | | | | | | | | | |
| 06 | 合计（不含税） | | | | | | | | | | | | | | | | |
| 07 | 应缴增值税 | | | | | | | | | | | | | | | | |
| 07.01 | 销项税 | | | | | | | | | | | | | | | | |
| 07.02 | 进项税 | | | | | | | | | | | | | | | | |
| 08 | 合计（含税） | | | | | | | | | | | | | | | | |

**预算与目标成本对比分析** **表 5-2**

| 项目名称： | | 金额单位： | | | |
|---|---|---|---|---|---|
| WBS 编码 | WBS 名称 | 合同预算（$A$） | 目标成本（$B$） | 差额（$C=A-B$） | 差异率（$D=(A-B)/A$） |
| | | | | | |
| | | | | | |
| | | | | | |

**实际成本统计分析** **表 5-3**

| 项目编码： | 项目名称： | 期间： | | 金额单位： | | |
|---|---|---|---|---|---|---|
| 成本项目编码 | 成本项目名称 | 项目投入总额 | | 实际成本 | | 待结转成本（累计） |
| | | 本期 | 累计 | 本期 | 累计 | |
| | 合计 | | | | | |
| 01 | 人工费 | | | | | |
| 02 | 材料费 | | | | | |
| 03 | 机械费 | | | | | |
| 04 | 现场经费 | | | | | |
| 05 | 分包工程费 | | | | | |
| 06 | 利润 | | | | | |
| 07 | 税金（增值税） | | | | | |

## 项目变更签证索赔台账

**表 5-4**

公司：　　项目：　　单据属性：

| 公司 | 项目 | 合同 | 单据属性 | 类型 | 单据号 | 标题 | 申请金额 | 甲方批复金额 | 预估签证金额 | 已列收金额 | 预估成本 | 甲方批复状态 | 单据报出日期 | 甲方批复日期 | 经办人 | 编制人 | 备注 | 过程进度 |
|---|---|---|---|---|---|---|---|---|---|---|---|---|---|---|---|---|---|---|
| | | | | | | | | | | | | | | | | | | |
| | | | | | | | | | | | | | | | | | | |
| | | | | | | | | | | | | | | | | | | |
| | | | | | | | | | | | | | | | | | | |
| | | | | | | | | | | | | | | | | | | |
| | | | | | | | | | | | | | | | | | | |
| | | | | | | | | | | | | | | | | | | |
| | | | | | | | | | | | | | | | | | | |
| | | | | | | | | | | | | | | | | | | |

## 公司计量支付情况分析

**表 5-5**

公司名称：　　项目名称：　　结束时间：

| 公司 | 项目名称 | 现合同金额（无税） | 实收比例（%） | 开累 | | | | | | 年累 | | | | | | 本期 | | | | | | |
|---|---|---|---|---|---|---|---|---|---|---|---|---|---|---|---|---|---|---|---|---|---|---|
| | | | | 开累自行完成产值额 | 开累考核预算收入 | 开累业主计量额 | 开累应收额 | 开累实收额 | 开累欠款 | 年累自行完成产值额 | 年累考核预算收入 | 年累业主计量额 | 年累应收额 | 年累实收额 | 年累欠款 | 本期自行完成产值额 | 本期考核预算收入 | 本期业主计量额 | 本期应收额 | 本期实收额 | 本期欠款 | 本币币种 |
| | | | | | | | | | | | | | | | | | | | | | | |
| | | | | | | | | | | | | | | | | | | | | | | |

商务成本

Business and
Cost Management of
Construction Enterprises

# 第四篇
# 项目成本管理

# 06 掌握 项目成本管理理念

项目管理是企业管理的基石，成本管理是项目管理的核心。履约为先，技术是龙头，工期就是效益，方案决定成本，开源节流并重等管理理念的掌握，将对项目责任成本管理起到重要的指导作用。

履约为先，工期就是效益的理念

技术为龙头，方案决定成本的理念

树立大成本意识的理念

开源节流的理念

价本分离，责任成本费用中心的理念

预控管理理念

## 履约为先，工期就是效益的理念

项目的成败取决于工期，工期就是效益。管理者要围绕工期目标开展各项工作，通过均衡生产，达到工序组织均衡，要素配置一次到位，各结构物、各节点工期均衡，实现将资源投入的生产效率最大化。做到不赶工、不抢工，避免“添油战术”和“突击战”，以速度取胜摊薄固定成本，取得最大效益，赢得信誉，实现社会经济效益双丰收。

## 技术为龙头，方案决定成本的理念

技术管理是项目管理的灵魂，项目管理以技术管理为龙头，以成本管理为中心并贯穿于工程项目全过程。技术管理中最重要的内容为方案策划，通过方案策划，明确各工序施工方法、各阶段管理目标、资源组织及解决问题的措施，使得项目管理各项业务有规可循、有据可依。项目实施方案包括：组织模式方案、总体施工方案、重难点结构部位设计施工优化方案、大小临建经济对比方案等，这些方案在项目上场之初要统筹制定，通过方案可行性研究和技术经济比选，找出最优方案。方案确定后，项目实际成本基本锁定，从而达到预控项目工期、质量、安全、效益的目的，最终实现项目总体成本可控和效益最大化。

## 树立大成本意识的理念

在成本管理中，不能一味地只注重单项成本的控制，如果只注重小成本的控制，重大节点受到影响，造成抢工而增加投入，损失是小成本，对项目而言却是大成本，最终影响企业的是社会信誉和最终效益。在项目管理过程中，要有“大成本”意识，树立系统管理观念，不应只局限于成本本身，要延长企业的整个价值链，站在区域发展和项目总成本的高度，综合考虑项目成本与品牌价值的关系、资源配置成本与工期成本的关系，在“全员成本、总体成本”意识主导下进行成本管控，通过及时采取最小化的成本投入，实现效益最大化，管理者必须树立最科学的管理方法。

## 开源节流的理念

项目管理过程中应做好开源与节流并重，才能实现项目利润最大化。开源是关键，通过项目前期精准策划，项目过程设计、施工方案优化，分阶段推进，实现项目过程创效。节流是指日常成本业务工作做到日清月结，精细管理，做好责任成本分级和归集，找准问题所在，从而实现降低施工成本目的，最终达到优质、高效、低耗。

## 价本分离，责任成本费用中心的理念

“价本分离”是指进行合同造价与项目责任成本分离。“价本分离”是实施工程项目成本管理的基本原则，也是理顺项目经营、生产、商务等管理的重要依据。通过对中标项目的成本再测算、再分解，把项目“经营效益、管理效益、结算效益”明确区分开来，使项目的合同造价与责任成本进一步清晰，由此明确项目经理部的经济活动在“项目责任成本”费用控制线以内，项目的成本管理都必须以此为基础开展。成本费用的管控，需按月、季进行考核与分析，并有针对性采取措施，实现费用可控。通过“价本分离”，促进项目经理部实施精细化管理，落实岗位责任制，实现“人人讲成本，全员有责任”，提高项目经理部全员积极性，实现集约增效。

# 预控管理理念

预控管理是决定项目成本管控方向及其运行轨道的有效机制，是责任成本管理的关键阶段，也是落实“法人管项目”的抓手。成本预控应以优化施工组织方案、设计方案、资源配置和生产要素管理为重点，以成本中心管理为主线，进行预控管理。首先抓好方案预控，科学统筹制定技术方案、经济方案，为过程管控奠定坚实基础；其次抓好成本预控，在策划的基础上做实责任成本预算，明确目标成本、上交利润等考核指标。

# 07 策划

## 项目商务策划与成本预控

实行项目经理责任制，是把经营效益、管理效益、结算效益区分开来，项目前期策划是关键。商务策划书是以合同清单为前提，以成本费用中心为载体，结合生产、技术等方案编制的责任成本预算，是项目成本和创效运营管控的指导性文件。策划原则为“预控为先，价本分离”，通过成本预算分解和岗位责任制建设，实现项目责任利润目标。

**项目商务策划**

**项目成本预控**

**项目岗位责任制建设**

# 项目商务策划

商务策划是指运用一定的科学方法，对未来成本水平及其变化趋势作出科学的估计，掌握未来的成本水平及其变动趋势，有助于减少决策的盲目性，使经营管理者易于选择最优方案，作出正确决策。

## 1. 项目商务策划的意义

（1）商务策划是整个项目商务管控的重要环节，是项目最终实现责任利润目标的指导性、规范性文件。

（2）商务策划包括项目责任预算和责任费用中心预算，实行“两级责任预算编制体制”，即公司负责项目责任预算编制和调整，项目部负责责任费用中心预算编制和调整。拟定项目预期利润目标，是项目岗位责任制建设的重要依据。

（3）同步对项目经济定位、工期成本、资金规划、项目核算、资源配置、风险防控和审计规避等提出参考意见。

## 2. 项目责任预算编制

（1）责任预算费用编制原则

责任预算费用编制应坚持“科学合理、客观公正、适度从紧、动态调整”的原则，结合现场实际情况以及市场行情编制工程项目责任预算，要提高责任预算编制的准确性和合理性，注意区域项目的横向比较和公司项目的纵向分析。

（2）责任预算编制依据

1）与业主签订的合同文件（编制收入预算主要依据）；

2）上级审批的实施性施工组织设计方案包括主要临建（编制项目预算主要依据）和优化后的施组方案（编制中心预算主要依据）；

3）相关设计施工图；

4）上级审批的试验配合比方案；

5）上级劳务指导价格；

6）集采价格和现场调查的材料价格、设备租赁价格；

7）项目机构设置、人员配备以及薪酬管理办法；

8）上级责任成本管理及责任预算编制相关规定。

（3）项目责任预算费用编制内容

1）编制说明：主要包括编制人员、编制时间、主要实物工程量、工期、定编人员、各项费用组成及有关情况说明等。

2）工程项目责任预算费用汇总。

3）责任预算收入、成本支出对照。

4）责任预算收入：对应合同收入、创效指标（根据实际情况确定编制与否，列创效指标的应有明细支撑）、其他收入。

5）责任预算成本（费用）支出：劳务费用计算；物资（周转材料）费用计算；机械设备费用计算；临时工程费用计算；管理费用计算；税费计算；其他支出。

6）责任预算编制要细化至单项（位）工程或区段，要能直观反映不同章节或结构物的收益结构。

7）项目责任预算编制完成，一个月内项目部确认、公司相关领导批复，并以责任书或批复文件等形式明确项目责任预算目标。

（4）公司对项目责任预算编制要求

项目部责任预算要在项目上场三个月内编制完成，若遇施工图纸不全等不确定因素，可先行编制部分工点预算和间接费预算，但项目责任预算要根据施工图纸的到位情况及时补充完善。

（5）责任预算调整

公司对项目的责任预算实施“动态”管理，按照以下规定调整工程项目责任预算。

1）责任预算调整条件

①具备下列条件之一的对责任预算调整：

建设工期重大调整；

发生重大变更设计；

项目施工方案发生重大变化；

项目经理调整；

责任预算编制漏列大项费用；

发生不可抗力事件；

其他重大变化。

②下列情况，项目责任预算不予调整：

项目出现擅自改变施工方案而增加的成本支出；

因项目管理原因造成的增加支出；

项目部其他主观原因而增加支出等。

2）责任预算调整程序

程序一：公司会同项目分析→项目部确认→公司审批→下发调整资料→备案。

程序二：项目部申报→公司业务部门审核→公司领导审批→下发调整资料→备案。

3）责任预算调整时间：在一个月内完成。

### 3. 责任中心预算分解

责任预算分解是深化责任成本管理、解决成本管理终端责任的主要路径，也是进行岗位责任制建设的先决条件和数据基础。项目部依据公司编制的项目责任预算，根据项目责任中心划分情况，编制责任中心预算。

（1）基本原则

1）推行收支分离、量价分离和价格上移的原则

收支分离强调收入和成本支出分开管；量价分离主要强调工程数量的“五量控制”（招标数量、施工图数量、责任预算数量、二次分解数量、实际发生数量）和工程物资的“五量管理”（设计数量、采购数量、应耗数量、库存（含现场盘库）数量和实际消耗数量）与其对应价格分离管理；价格上移主要强调公司和项目部与项目部管理层和作业层之间的价格决定关系。

2）实施项目管理层与作业层分级管理的原则

以项目经理为中心的管理层主要负责收入控制、价格控制以及难以厘清责

任部分的成本控制，负责成本核算及业务督导；作业层主要负责实物工程数量（工程数量和材料数量）的控制并配合开源创效。

3）坚持可控性、可量化和责权利相结合的原则

可控性强调“负责什么就控制什么”，可量化强调对应责任和控制指标能够量化的要全部量化，责权利相结合主要强调责、权、利对等，派责与授权对等，效益与利益对等。

4）动态管理的原则

责任中心设置结合现场及施工进展实行动态管理，根据工程数量、人员的变化进行动态调整，根据管理的阶段性需求进行增减。

5）与项目组织模式相结合的原则

强调预算分解的前提条件是与项目的组织模式要匹配。

（2）责任中心预算编制依据

1）结合现场实际优化后的施工组织设计。

2）生产要素配置。

3）项目部责任预算。

4）审核的责任中心工程量清单及责任范围。

5）劳务合同价及材料实际购入价格等。

6）试验室配合比、主要材料损耗系数。

（3）责任中心预算分解要求

1）预算分解要在公司责任预算的基础上重新编制单项工程或工点预算，对项目责任预算进行全额分解。编制单项工程或工点预算时对编制单元的工程数量、劳务费、材料应耗数量、机械费、周转材料等均以明细形式体现。管理费也要进行分解，原则上能分到责任中心或业务部门的全部分解，难以分解或难以控制的由项目经理中心负责控制。管理层主要负责责任预算价格和部分费用的控制、监督、建账和核算，作业层主要负责责任预算可控工程数量、原材料数量的控制和部分包干费的使用。一般责任预算分解后各中心费用合计与责任预算总额存在分解差额，分解差额纳入项目经理中心的项目经理基金管理。

2）责任中心预算在项目责任预算未编制时可先由项目部结合实际情况进行编制。

（4）责任中心预算编制内容

1）收入中心

由初始合同收入、变更索赔收入和其他收入三部分构成。初始合同收入根据公司责任预算收入金额确定，变更索赔收入根据变更索赔筹划确定，其他收入根据实际情况确定。

2）成本（费用）中心

①项目经理中心

由项目经理基金、直管费用和待分解费用构成。项目经理基金由责任预算成本和项目部责任预算分解预算成本差额形成，包括价差、量差和项差；直管费用指责任交叉过多、难以明确责任的费用；待分解费用为暂时未分解的费用，条件具备时分解至相应责任中心。

②临时工程中心

项目责任预算成本包含的临时设施费用优化或调整后的金额。

③征地拆迁中心

项目责任预算成本包含的征地拆迁费用优化或调整后的金额。

④业务职能中心

分解至本部门的管理费及相关费用。

⑤作业中心

包含中心范围内控制的工程数量、材料消耗数量、管理费及其他目标。

（5）责任中心预算调整

责任中心责任预算实施“动态”管理，发生中心责任人调整、分解工程数量变化、不可抗力等情况时及时调整。

## 4. 目标责任书的签订与考核

责任预算分解是项目经理对项目生产管理的责任终端量化责任目标、签订责任书的过程。项目生产管理的责任终端是指：项目部各职能部门、项目工区、工点、专业化工厂（如拌合站、钢筋加工厂）等的企业内部员工。项目部应本着“负责什么，就控制什么”的原则对上级编制的责任预算进行分解并与责任中心签订责任合同，明确双方责、权、利关系。责任预算确定后，公司要以《项目目标责任书》的形式明确项目部效益、安全、质量、工期、环保、水保、上交款等主要控制目标，并约定奖罚标准。

（1）《项目目标责任书》原则上应在项目开工前由公司负责人与项目经理签订，最迟不得晚于施工合同签订后1个月。

（2）项目管理责任书一旦下达，原则上不调整。但对出现如下情况的，由项目提出，经公司成本管理委员会审批后按责任状签订审批或备案程序进行审批：工程承包范围、工程图纸发生重大变更；实施施工方案经批准发生重大变化；主要资源因市场或政策影响发生重大变化；项目停工、缓建；项目经理变更时必须变更责任书。

（3）项目部责任书每半年考核兑现一次，经过公司商务管理部审核的半年度成本分析资料为依据，以项目责任书签订的综合考核利润率为基准，以开累已完工程利润率为基数进行核算。

## 项目成本预控

成本预控是决定项目成本管控方向及其运行轨道的有效机制，是责任成本管理的关键阶段，也是落实“法人管项目”的抓手工作。成本预控应以优化施工组织方案、资源配置和生产要素管理为重点，以成本效益管理为主线，下面，从投标预控和上场预控两个方面说明：

### 1. 项目投标预控

（1）各单位要做好工程项目投标预控工作，投标预控包括项目选择、标前测算和报价策略三个环节。

（2）各级经营部门坚持“五不揽”原则选择投标项目，即：不揽不符合企业发展战略规划的项目、不揽与管理能力及规模扩张不匹配的项目、不揽垫资或资金不到位的项目、不揽预期亏损的项目、不揽风险不受控的项目。

（3）各级成本管理部门以企业成本测算相关规定及标准为依据，预测项目施工期间工、料、机单价及变化趋势和各项风险，参与标前测算。

（4）各级经营部门应根据标前测算结果，结合企业发展战略产业结构、资源储备等情况，合理确定投标报价。

## 2. 项目上场预控

（1）项目上场预控遵从“分级管理、方案先行、量价分离、书面交底、动态监控”思路，企业履行指导与监督职能，公司履行预控主体职责，项目部履行预控方案的执行主体责任。

（2）成本预控依据

1）国家相关法规、政策。

2）招投标合同文件。

3）项目实施性施工组织设计方案。

4）企业内部薪酬劳务、物资、设备、财务、成本等相关制度及规定。

（3）预控工作内容主要包括“项目组织、施工方案、管理体系、效益策划、要素配置、费用控制、责任预算、基础业务”等八个模块，项目组织机构、施工组织方案及方案优化、项目责任成本管理体系建立、工程数量预控、变更索赔筹划、劳务预控、物资预控、机械设备预控、临时工程和过渡工程预控、管理成本预控、资金管控、税收策划等十二个方面的内容。

1）项目组织策划

根据所属公司的专业特长、资源分布、任务储备等进行任务调配与划分；遵循“管理可控、运行高效”原则决定企业直管项目设置与否；根据工程项目任务结构组成、地域环境和建设环境，合理确定区段划分，并通过比选或竞聘的方式确定适合本项目的主要管理人员；结合施工组织模式、结构物和施工管理经验对项目进行定岗定员。

2）施工方案策划

结合招标文件、设计文件和现场实际情况，掌握项目特点、工程重难点、安全、质量风险和效益风险控制点，并制定相应对策；合理规划现场布置，明确临时设施和过渡工程的布点与修建；确定施工组织安排，划分项目单元，包括总体施工组织安排（分专业管理或分区段管理）子项目（区段）施工区段划分、组织安排和作业方式；确定施工组织模式（专业分包或工序分包）和生产要素配置；制订进度计划、核定工程总量；制订项目安全、质量、进度、环水保等控制目标并编制控制方案；编制重难点工程、关键工序技术经济比选书面方案，总称现场组织策划和施工方案策划。

3）构建项目责任成本管理体系

根据上级相关规定及要求，构建项目责任成本管理组织体系、目标体系制度体系、流程体系、监控体系和考评体系。

4）工程数量预控

工程数量预控主要指施工图工程数量计算和细目汇总数量与中标工程数量清单的对照。查找中标工程数量清单中的差、错、漏项目，分析差、错、漏原因并制定解决方案。

5）变更索赔筹划

变更索赔筹划应在分析项目清单报价、研究合同文件、调查现场、结合成功经验等前提下开展。通过清单报价分析，确定项目盈利点和亏损点；通过深入合同研究和现场调查，拟定变更索赔事项和方向；变更索赔筹划要与施工方案有机结合，要吃透政策、用活政策，应定思路、定方向、定目标、定责任、定奖罚。

6）劳务预控

劳务预控包括劳务承包模式、专业类型、数量、劳动力配置管理方式、劳务价格等的确定。严格执行劳务队“先准入、后录用，先签合同、后上场”的规定，履行“项目部招标或比选→公司审批→集团（局）备案程序”录用劳务队，合同应明确工作内容、合同工期、细目单价、计量规则、材料供应指标及预算价格、节超奖罚以及劳务要素、违约责任等。

7）物资预控

加强物资资源市场调查，通过经济技术比较分析后确定物资供应方案，明确材料价格数量控制目标。认真比选商混、自拌等混凝土供应模式的管理难易、成本高低，合理确定供应模式；确定主要周转材料（大型模板、墩柱模板、制梁模板、挂篮及模板、隧道衬砌台车、脚手架等）类型数量、配置模式（调配新加工或新购、租赁）及管理模式；执行上级规定的集采范围、方式和程序组织物资集中采购工作。

8）机械设备预控

确定机械设备配置方案，包括设备类型、数量、配置模式（调配、新购、租赁三种模式进行经济比较）、管理模式以及进出场时间；确定机械设备单机单车核算方案，明确消耗指标；建立设备租赁询价、比价及报批方案，拟定机械设备租赁合同，明确工作内容、结算方式、价格及供应的燃料价格或扣款价格。

9）临时工程预控

编制铺轨基地、制存梁场、轨道板预制场、拌和站、施工道路，临时渡口、码头、浮桥、吊桥、大桥、地道，铁路便线、便桥、岔线，临时电力、通信、给水排水、驻地建设、临时用地等临时工程方案，确定建设规模、建设标准和技术交底程序，明确计量方式（比照正式工程规定）和结算时间，减少零工和台班结算范围、数量。

10）管理成本预控

管理成本是指管理费用、财务费用、间接费用以及其他非生产性成本的总称。按照“节俭实用、总额核定、分期控制”的原则，确定项目管理成本费用预控方案，控制方式可以因地制宜分别采取集中采购、指标包干、限额控制等方法。

11）税收策划

编制增值税、营业税、城市维护建设税、教育费附加、企业所得税、个人所得税等税收策划方案，实施税收成本预算管理。

方案预控是成本预控的基础，没有方案预控，成本预控只能是空中楼阁，无源之水，无本之木。

# 项目岗位责任制建设

## 1. 项目责任成本管理领导小组及职责

（1）项目责任成本管理领导小组

组 长：项目经理

副组长：项目总工、项目商务经理

成 员：项目相关部门负责人

（2）责任成本管理领导小组对项目责任成本管理工作负全责，定期召开会议，对项目部责任成本管理的重大问题做出裁定，其主要职责如下：

1）负责制定项目责任成本管理实施细则和各项规章制度；科学划分责任中心，确定项目部最佳施工方案和最佳责任预算方案；准确编制中心责任预算，完成公司下达的各项经济技术指标，对项目盈亏负责。

2）负责成本中心责任预算调整的审议和批复。

3）定期组织项目责任成本考核，实施责任工资、效益工资的考核兑现；负责审议各责任中心的成本分析报告，并提出整改措施。

4）督促建立和完善责任成本管理台账和报表分析制度。

5）负责对项目责任工资、效益工资的考核兑现，定期分析项目责任成本盈亏。

6）负责督促各部门责任成本工作、协调责任交叉，对各责任中心的经济纠纷进行调解和做出裁决。责任成本管理体系见图 7-1。

## 2. 中心划分和岗位职责

（1）责任中心划分的三种方式：

1）按控制对象：可以划分为合同费用中心（对业主计价）、方案控制中心、工程量和材料量中心（中标清单量、施工图量和优化后的量要分别管理）、劳务价格中心、材料价格和材料保管供应成本中心、机械费用中心、安质成本中心、工期中心、征拆费中心、间接费（包括期间费及税金）中心、保障中心及项目经理中心等。

2）按收支分离控制对象：可以划分为收入中心、成本中心和项目经理中心。

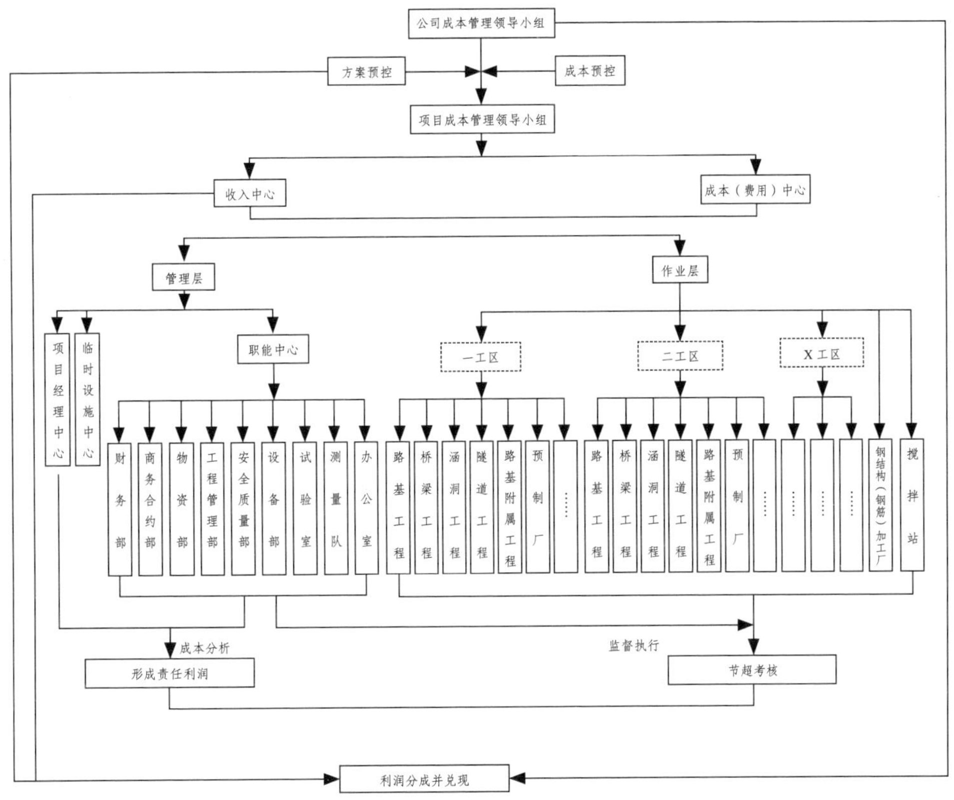


**图 7-1　责任成本管理体系图**

顾名思义，收入中心负责按合同约定向业主进行验工、计量和资金催收，成本中心负责控制成本费用，项目经理中心负责控制优化节余的费用以及难以控制或非正常费用的控制。成本中心可以按优化方案后再下划工程量和材料预算量中心、劳务价格中心、材料价格和材料保管供应成本中心、机械费用中心、安质成本中心、工期中心、征拆费中心、间接费（包括期间费及税金）中心及保障中心等。

3）按项目职能科室管理职责：可以划分为技术中心、安质中心、劳务中心、物资中心、设备中心、财务中心及保障中心等。

上述三种方式，项目可以根据自身管理现状和管理需求因人、因事、因时自行选择，灵活设立。

（2）责任中心划分

责任中心分收入中心与成本（费用）中心两部分。根据其管理权限和责任范围，遵循成本的可控性原则、责权利相结合的原则及划清责任，单独核算，避免责任交叉的原则，将项目划分为8个费用中心和多个成本中心，具体划分如下：

1）费用中心：

项目经理费用中心　　　　责任人：

成本预算费用中心　　　　责任人：

间接费费用中心　　　　责任人：

技术费用中心　　　　责任人：

物资费用中心　　　　责任人：

设备费用中心　　　　责任人：

安全质量费用中心　　　　责任人：

试验费用中心　　　　责任人：

2）成本中心

一工区成本中心　　　　责任人：

二工区成本中心　　　　责任人：

三工区成本中心　　　　责任人：

成本中心管辖工程范围（根据项目具体情况而定）

（3）岗位职责

项目责任成本管理工作由各职能部门分工协作完成。项目部各主要职能部门的工作职责如下：

1）项目经理费用中心

①负责项目责任成本全过程管理。

②负责对公司责任预算和项目二次责任预算之间的差额部分、设计数量与优化数量之间的量差部分及招待费、监控量测、监理工程师费用等不可控成本的控制。

③公司责任预算和项目二次责任预算之间的差额部分、设计数量与优化数

量之间的量差部分作为调节基金或预算分解后直接产生的责任利润，以此调节在责任中心费用分解时产生的偏差与弥补不可控成本的不足。

④根据成本管理工作中的实际情况调整各中心成本，并定期组织分析、考核成本管理情况。

2）成本预算费用中心

①负责编制责任成本直接费预算。

②负责编制分包预算，组织劳务招标，签订劳务承包合同。

③负责劳务合同单价、工程数量及临时工程费的控制。

④参与编制责任成本责任工资预算，拟定责任利润分配方案。

⑤制定计价管理办法，合理确定计价收入和劳务成本。

⑥参与对各成本中心完成工程数量验收工作。

⑦参与对各责任中心的责任成果评价和考核兑现。

⑧参与物资招标采购和合同签订工作。

⑨负责项目各类合同的归口管理，对合同条款的严密性负责。

3）间接费费用中心

①参与编制责任成本预算，组织制定各级间接费开支标准。

②实施成本控制和成本支出的监督检查、考核责任成本预算执行情况，计算、汇总各责任中心的责任成本并进行分析。

③实施对各责任中心的责任成果进行评价和考核兑现。

4）技术费用中心

①参与编制责任成本直接费预算分解。

②负责制定科学合理的施工组织设计与切合实际的施工优化方案（方案预控），做好现场管理、技术指导和文明施工，合理安排工序，配制好生产要素，为降低成本创造条件。

③负责全面复核图纸设计数量与实际发生工程量，制定行之有效的变更设计和索赔目标方案，并尽一切努力落实，为本项目创收增效。

④负责编制和落实施工计划，组织内部均衡生产，防止停工、窝工损失。

⑤结合施工现场的实际情况及时优化施工组织设计进行技术指导，参与内

部工程量的计价，验收。

⑥参与对各责任中心和责任成果及考核兑现。

⑦督促检查完善本部门质量信誉评价所需要的资料。

5）安全质量费用中心

①参与编制责任成本直接费预算分解。

②负责各责任中心和安全生产及全面质量管理，制定相关的工程质量，安全防范措施，质量签证。

③制定切实可行的安全措施，并狠抓落实，避免一般事故，杜绝重大事故，尽量减少因事故而造成的经济损失。

④负责全项目质量信誉评价资料的整理与日常检查工作。

6）设备费用中心

①制定切合实际的临时用电实施方案，控制临时用电费用。

②负责油料采购、管理工作。

③负责机械设备的日常管理，督促检查完善本部门质量信誉评价所需要的资料。

④实行项目设备“单机单车”核算，建立“单机单车”核算台账。

7）物资费用中心

①材料的采购：加强市场调查工作，材料的采购或加工要选择质高、量足、价低、运距短的供应或加工单位，并严格执行“比价采购”制度，比价采购过程必须有项目经理、总工、工程、商务部门参加；采购的数量由成本中心工程技术提供使用计划，经项目经理、总工签批后按计划实施采购。

②材料的收、发料：所有材料到达现场后及时点验入库，结算完成后到财务进行挂账，如当时发票未到可出书面证明，经项目经理签字暂挂；发施工队按外包预算材料价挂账。材料到场一周以内必须完成对施工队、财务的挂账程序，严禁出现累积现象。

③材料的用量核算：材料的发料严格按定额发料，月底考核，考核程序为：当月按工区工程技术所提供的当月实际完成实物工程量乘单项工程应耗材料数量得出当月材料应耗总量，与实际消耗量比较找出差距及其原因，差额部分视

具体情况按市场价挂施工队或成本中心，并直接对相关责任人进行处罚，并出具书面报告，经经理、总工、商务部门签认，留存待查。

④周转材料的租赁和回收：周转材料上场后按公司周转材料租赁管理的有关规定，与施工队签订租赁合同，确定单价和总价，此程序在周转材料上场十天以内完成，按季扣回，使用完后要及时回收、整理、修复。

⑤建立健全各项材料账证和台账，执行材料核算制度。

⑥严格执行材料逐日消耗登记制度，执行材料节超考核。

8）试验费用中心

①负责工程施工用成品、半成品材料的试验，保证材料质量符合工程施工要求，避免因材料质量引起的工程质量问题与成本浪费。

②督促检查完善本部门质量信誉评价所需要的资料。

9）成本中心职责

①负责制定科学合理的施工组织设计，做好现场管理、技术指导和文明施工，合理安排工序，配制好生产要素，为降低成本创造条件。

②负责严格执行技术规范，确保工程质量，消灭质量事故，降低质量成本。

③对提供的外劳务工程数量负直接责任，并负责提供各业务部门需要的责任实物工程量。

④负责坚持先进高效与经济实用相结合原则，积极采用新技术、新工艺、新工法，为提高经济效益开辟途径。

⑤负责全面复核图纸设计数量与实际发生工程量，制定行之有效的变更设计和索赔目标方案，并尽一切努力落实，为本项目创收增效。

⑥负责测量、试验工作，防止因测量、试验失误而造成经济损失。

⑦负责现场的文明施工管理，按要求规范管理施工现场。

⑧负责施工现场的材料和机械调配、管理、成本控制工作，及时按定额消耗量提供材料使用计划，计划要在工程使用前3天提供。

## 3. 责任中心合同签订

各项目编制二次分解责任预算后，要及时参照《岗位责任预算书》与各责任中心签订责任书，明确责、权、利和奖惩措施，并及时考核兑现。

### 4. 责任中心成本归集

（1）项目财务部要建立项目责任成本总账，会同项目成本部严格按照各责任中心的责任范围归集每笔成本支出。

（2）项目财务部按照“权责发生制”的原则进行会计核算，填发转账通知书至各责任中心，各责任中心据此登记本中心责任成本台账及相关辅助账，项目财务部据此登记责任成本总账。

（3）转账通知书一式两份，经相应责任中心负责人签字后，项目财务部和责任中心各留存一份，每月末负责与各责任中心对账。

### 5. 责任成本分析、考核

（1）项目部必须按月进行成本分析、考核，责任成本分析、考核包括项目部本级和责任中心两级。

（2）责任预算收入以内部计价的形式确认，确认时间与对业主及对劳务队伍验工计价时间一致。责任中心预算收入按照实际完成工程量及责任中心成本单价计算，据实结转责任中心成本台账收入栏。

（3）责任中心成本按中心成本台账每月汇总，各责任中心成本之和为项目部本级成本。

（4）项目部要按月清理和核实内外部实际完成实物工程量，分析工程量节超及原因；按月进行劳务队伍验工计价、盘点现场库存剩余材料、分析材料节超；然后综合考虑各种账外收入、成本对各责任中心及项目部当月责任预算成本进行节超分析，结合分析结果进行工资考核兑现。对重大成本偏差要分清原因，研究对策，制定整改措施，并积极组织整改。

# 08 强化 项目创效管理

项目商务管理的重要工作是开源节流，开源是核心，节流是基础，双管齐下才能实现项目管理效益。创效管理以高效履约为前提，以合同文件及法律法规为依据，优质履约，精准实施，是项目获取效益最大化的有效途径。

# 创效理念探讨

（1）“提高站位、统一思想、履约为先、合理创效”的理念

基础设施项目的战略定位就是政府性业绩工程，只有提高政治站位，跑步进场，高效履约，安全优质，文明施工等，才能和业主思想保持一致，赢得业主和社会好评，为合理创效的良好沟通打下基础。因此，高效履约是项目工作的重点。对项目履约有信心，对业主设计讲诚信，实现和谐共处和沟通，才能进一步推动项目创效工作。

（2）“未雨绸缪、超前谋划、把握时机、工作前置”的理念

变更创效工作要前置，包括思路前置、工作前置、沟通前置等，工作要有思路、有指引、有比选、有策略，甚至于要起到变更方向的引导作用，紧紧围绕“定性、定量和定价”的工作体系来策划，做到“心中有数”有目的地去创效。

（3）“迈开步子、敢想敢干、创造条件、做大做强”的理念

迈开步子，有条件的要上，没条件的创造条件也要上，不论是业主、设计院、监理，甚至是兄弟单位、项目部职工、劳务队都要多接触、多沟通、多交流，收集“金点子”，在原则范围内大胆创新，做大做强。

（4）“注重细节、综合收集、合理规范、有依有据”的理念

根据策划和要求，去完善和收集各类基础资料，既包括政府、行业、业主和监理层面的宏观政策性、规范性资料和文件，也要完善诸如施工交底、专家评审、地质勘探、影音图像、百姓诉求、水文气象、环境保护等方面的细节资料，对变更创效工作至关重要。

（5）“良性互动、换位思考、锲而不舍、把握尺度”的理念

变更创效工作，首先是在合情合理、有据可依的前提下开展，既要多沟通、多互动，也要换位思考，把握尺度和沟通艺术，多替对方想问题，才能实现感情沟通、和谐共处，进而推动工作开展。变更创效一定是先沟通好，准备好资料，再进行书面的程序，围绕大家都比较关注的“安全”“工期”“民生”“环水保”“地质”“不可预见”等方面突破。

（6）“合理创效、规范行为、有依有据、环节闭合”的理念

变更索赔工作首先是在合同和规范要求范围内开展工作，同时出发点也是

要在完善设计、加快进度和加强工程项目安全、质量的前提下进行的。因此，在任何时候，变更创效工作都要把握好尺度和方向。同时，办事的方式方法、流程依据等要经得起审计和推敲，环节闭合，合理创效。

## 创效工作依据

### 1. 法律依据

一般来讲，合同管理、变更索赔工作中常用的法律包括：

（1）《中华人民共和国合同法》以及最高法院相关的司法解释；

（2）《中华人民共和国招投标法》；

（3）《中华人民共和国建筑法》；

（4）《中华人民共和国安全生产法》；

（5）《中华人民共和国环境保护法》；

（6）《中华人民共和国文物保护法》；

（7）其他相关法律。

### 2. 政策法规

政策法规一般包括中央、国务院及其部委、地方政府和部门制定的规定、办法、准则及行业的规范和条例等。这里指的法规政策是指对建设工程具有约束性的国家政策、行业规定、地方政府法规等。如国家对工程建设质量、安全、环保等方面的规定，国家或地方公布的调价文件等。如：

（1）《企业安全生产费用提取使用管理办法》（财企 [2012] 16 号）；

（2）住房城乡建设部、财政部《关于印发〈建筑安装工程费用项目组成〉的通知》（建标 [2013] 44 号）；

（3）《排污费征收标准管理办法》（国家计委、财政部、国家环保总集团（局）、国家经贸委第 31 号文）；

（4）地方法规。

这些政策法规的调整往往可以作为执行政策性调整的依据，进行二次经营创效，因此要全面收集政策信息，在全面沟通的基础上，向发包人及时发起相关费用的调整。

### 3. 规范标准

包括国家标准、行业标准，分为强制性标准和推荐性标准。其中，强制性标准必须执行，执行标准规范的变更也容易得到业主的认可。

### 4. 合同文件

（1）合同协议书与合同附件（承诺函、合同谈判备忘录、纪要及合同补充协议）；

（2）中标通知书；

（3）招标文件及附录（补遗书、答疑书、投标人澄清、补充的资料）承诺函、投标书及其附件；

（4）专用合同条款；

（5）通用合同条款；

（6）技术标准及要求；

（7）工程招标图、施工图、竣工图，经批准的施工组织设计、专项施工方案、设计变更文件、工程洽商签证及相关会议纪要；

（8）已标价工程量清单、澄清后的工程量清单或工程预算定额、费用定额及价格信息、调价规定等。

全面系统的研究合同是为了从中分析出对变更创效工作有利和不利条款，对于有利条款在创效过程中要充分利用，针对不利条款要依托法律法规、现场特殊情况等进行分析，从而达到突破或规避不利条款的目的。

### 5. 设计文件

（1）设计图（初步设计图、招标用施工设计图、施工设计图、补充或变更设计图）、设计院对设计图纸的交底记录、图纸会审记录；

（2）设计概算（初步设计概算、招标设计概算、招标控制价概算）；

（3）招标工程量清单；

（4）四方纪要、变更通知单、标准、规范、规程；

（5）建设单位、设计单位的书面通知、指令、信件、信函、答复。

## 6. 现场技术资料

（1）经过监理、发包人批复的施工组织设计文件及专项施工方案；

（2）经过监理、发包人批复的施工进度计划及与工期有关的文件；

（3）其他辅助资料

1）经业主、监理工程师签字的签证资料；

2）现场有关的图片、文字记录和影像资料；

3）文件及图纸收发资料记录、施工现场的工程文件、交接记录、图纸和各种资料交接记录；

4）试验资料、施工日志、检查验收报告、技术鉴定报告、工程竣工质量验收报告等；

5）各类会议纪要，包括工期、质量、安全、协调等方面会议。

（4）当地环境资料

包括地形、地貌、地质情况、气象资料、海拔高度、含氧量、水文资料等。

## 7. 工程造价资料

（1）各行业主管部门及各地造价管理机构发布的定额，包括概预算定额、补充定额、需参考的相关行业定额等；

（2）各行业主管部门及各地造价管理机构发布的材料价格调整办法文件；

（3）材料和设备采购、订购、运输、进场、验收、使用等方面的凭据（材料进场检验单、设备进场报审表、材料合同及发票、设备及周转材料租赁合同及发票）。

## 8. 地方政府及当地群众要求

（1）征地拆迁、管线迁改费用；

(2)改沟、改路、改河;

(3)扬尘污染、噪声污染、照明污染;

(4)新增桥梁、涵洞通道、灌溉工程;

(5)施工造成房屋震动受损;

(6)当地其他规定及要求;

(7)其他涉及民生和公益方面的诉求。

## 各阶段创效要点

(1)标前阶段

变更创效工作前移至该阶段,既有助于投标经营、伏笔埋设、变更创效工作的对接,更有利于实现项目利益的最大化。本阶段工作主体为前期区域市场营销人员和项目跟踪人员等,主要工作为:①进行市场分析,确定经营策略;②进行项目评估,分析利益风险;③了解项目概况,筛选意向标段;④做好公关工作,提前介入设计;⑤提前与相关单位沟通,提高限价。

(2)投标阶段

投标阶段,是指从项目公开发布招标公告至中标通知书发放之间的时段。主要包括以下几项工作:①招标文件研读;②市场调查;③现场踏勘;④报价策略及量差;⑤投标报价要点提示;⑥施工组织设计策略;⑦招标补遗。

(3)工前阶段

工前阶段,主要包括以下几项工作:①经营交底;②市场调查结果确认;③合同谈判;④清单项目单位工程成本测算;⑤变更创效的方案预控;⑥分析设计优化和工程量进蓝图;⑦迎接审计策划等。

(4)施工阶段

施工阶段,主要包括以下几项工作:①施工图复核;②方案优化;③新增项目组价;④政策性调差;⑤工程变更;⑥工程索赔;⑦施工措施费;⑧税务筹划等。同时,本阶段要注重现场各种原始材料的收集整理,包括各种照片、音像、视频资料；业主、设计、监理召开的会议纪要、电话、通知、文件、指令、记录等；现场施工的照片、测量资料、试验资料、施工日志、气象等配套资料，为施工中变更提供依据。

（5）竣工阶段

工程竣工结算阶段是项目效益“收口”阶段，投资清理、计价结算、款项回收、结算审计等关键性工作全部要在这个阶段落实，应加大与各方沟通、协调力度，做好竣工结算工作。有理有据清理合同内、外费用，确保后期变更索赔事项逐项落实，做到结算不漏项、不少量。

该阶段主要做好以下几项工作：①施工图投资清理、措施费清理；②变更索赔项目催批；③变更索赔资料补遗；④合同价款清理；⑤应收账款回收；⑥迎接审计准备等。项目变更创效各阶段流程见图 8-1。

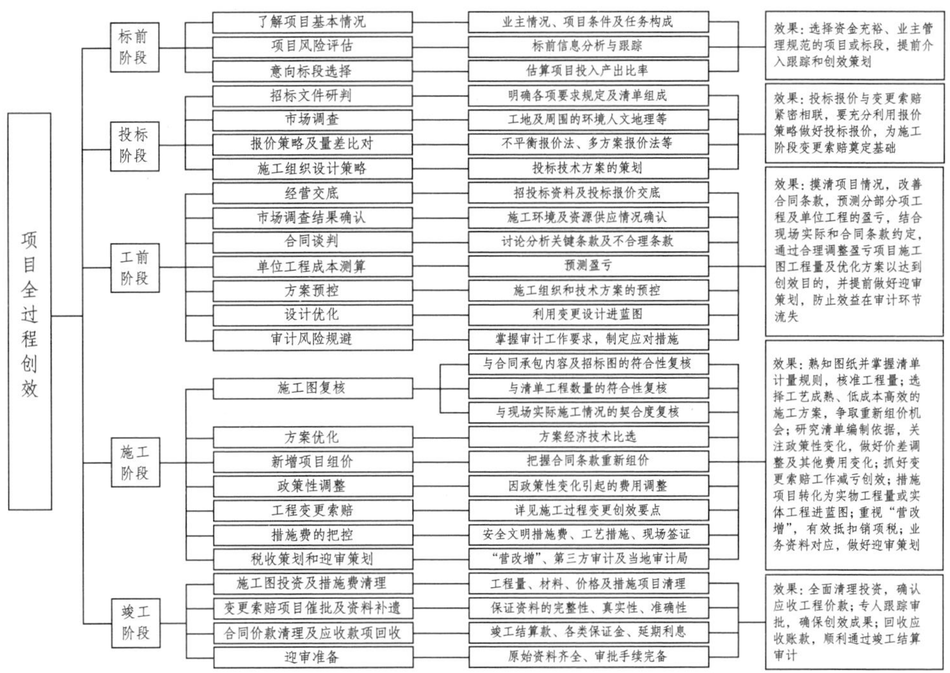


**图 8-1　项目变更创效各阶段流程图**

# 项目创效策划和支撑保障措施

（1）在有初步设计图纸或相关概算资料的前提下，15 日内应完成项目创效策划，分析清单主要盈利子目录和亏损子目录，找准项目创效方向和切入点。

（2）项目创效策划的基本步骤：

合同模式研究→确定项目创效方向→结合现场情况→合同清单研究→盈亏项目分析→施组方案指引→创效思路研讨→创效项目立项→确定责任目标→过程挂钩考核→跟踪推进阶段→创效项目落地等。

（3）项目部是变更、索赔工作的责任主体，项目经理是本项目部变更、索赔管理工作的第一责任人，对变更、索赔工作的组织、实施、监督、检查及其实施的有效性负责。

（4）项目部应成立本项目变更索赔工作领导小组，由项目经理、总工程师、商务经理、各部门负责人等组成，项目经理任组长，负责本项目部变更、索赔管理工作，积极收集相关的签证、索赔证据，起草变更、索赔申请；领导小组要建立例会制度，每月定期对上一个月的变更、索赔完成情况进行总结、分析，并布置下月变更、索赔工作。

（5）公司对项目创效的考核应进行必要的阶段节点划分，进行相应的过程奖罚，促进创效目标按计划完成。同时，公司有义务对项目创效工作给予技术和方法支撑，必要时需对接高层领导进行创效推进。

# 09 识别 项目风险与防控管理

在项目管理的过程中，由于内外部因素的不确定性，往往伴随着各种各样的风险，给项目管理带来不利影响。因此，管理者不但要有识别风险的能力，更要有应对风险的措施，提前预判并采取行动，减少不利因素对项目造成的损失，提升企业信誉度。

在企业项目全生命周期管理中，从招投标开始到结算完成，各种风险伴随着项目开展不断出现，并影响项目正常施工，给项目履约带来各种不利的影响。如何有效识别并防范这些风险，已成为企业项目管理重点关注的问题。风险预控种类见图 9-1。

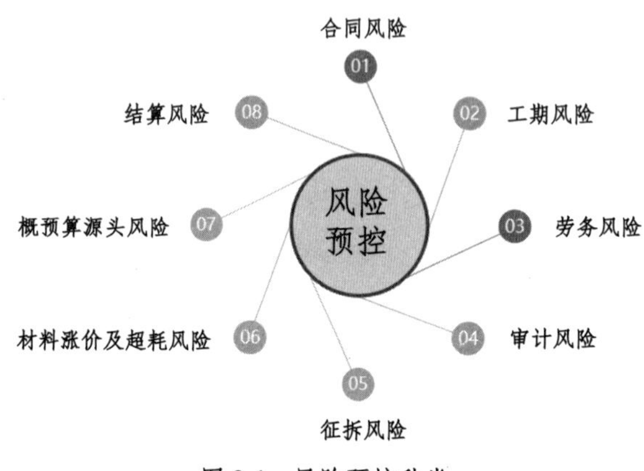


图 9-1　风险预控种类

# 合同风险的种类及防控

（1）风险种类

合同模式风险：合同研究不深入、承包类型多样化、组织架构多样化。

发包人资信风险：经济恶化，履约差、无力支付工程款；信誉差、不诚信，不按约定支付工程款。

合同条款风险：条款不完整、不全面、不完善；强制性条款；责权利不平衡、不平等。

合同履约风险：业主代表或监理不能及时解决问题，发出错误口令；施工管理人员管理不到位，指挥有误、过失等。

（2）风险防控

合同模式风险：施工合同、总包合同、框架协议等，要理顺逻辑关系；细致研究各种组织架构之间的合同关系。

发包人资信风险:对业主进行详细的资信调查，包括财务能力、信誉信用等。

合同条款风险：尽量使用国家规范性合同文本；熟悉法律法规，避免强制性条款；深入研究和风险招标文件；组织专业团队进行合同谈判，尽量使合同条款公平公正。

合同履约风险:熟悉施工技术规范及施工流程;提高双方管理人员专业能力。

## 工期风险的种类及防控

（1）风险种类

业主违约风险：业主原因造成的窝工、停工、赶工；业主调整工期关键节点造成赶工及成本增加。

资源配置风险：项目不能够根据策划和要求，进行一次性资源投入，影响项目履约和耽误工期。

不能均衡施工风险：前松后紧、赶工、超资源投入。

方案调整风险：重大方案调整造成工期延误。

分包退进场风险：分包退场导致工期延长；新分包进场流程长导致现场停工。

外部环境风险：地质水文条件影响工效低进度慢；项目交通不便，环境复杂；材料、劳务等资源不足造成的停窝工。

不可抗力因素风险：冬雨季影响施工进度；疫情影响造成的停工。

（2）风险防控

业主违约风险：及时给建设单位发函件，过程做好资料收集；工序前期衔接紧密，前期节点提前完成，降低后期风险。

资源配置风险：严格按照策划要求进行投入。

不能均衡施工风险：按合同工期、关键节点倒排进度计划，根据节点及计划有序施工。

方案调整风险：加强方案实施过程跟踪，及时采取纠偏措施，避免被动。

分包退进场风险：优选队伍，加强管理，良性竞争，储备足够资源；快速清理旧队伍，加强协调作业，快速理出工作面。

外部环境风险：做好前期策划，提前谋划，做好资源储备；严控关键节点工期，及时纠偏，避免压缩项目后续工期；强化现场组织，增加资源要素投入，形成流水作业，提高施工工效。

不可抗力因素风险：编制冬雨季专项方案，精心部署、提前准备；做好相关证据资料的收集，加强沟通协调，及时申请工期顺延。

## 劳务风险的种类及防控

（1）风险种类

劳务录用风险：诚信、实力差别、承包项目过多。

劳务合同风险：合同文本选择、合同价格不一、交底不及时、不透彻。

劳务履约风险：撂挑子、甩担子。

劳务索赔风险：征拆、材料供应不及时或不合格、停电等引起停工、窝工、赶工。

劳务归属风险：当地劳务、少数民族；业主、政府等关系户。

劳务维稳风险：围堵项目部、公司、恶意讨薪。

劳务安全风险：工伤、施工、用火、用电安全。

（2）风险防控

劳务录用风险：录用考察、比选合格供方；建议总个数不超过3个。

劳务合同风险：全部采用集团（局）或公司制定的标准文本；公司发布指导价，视情况调整；及时、全面交底。

劳务履约风险：全面收集劳务成本，加强预判。

劳务索赔风险：及时完善施工日志并记录清楚；合同约定转移风险。

劳务归属风险：尽量避免、有条件退出。

劳务维稳风险：项目部及时解决合理诉求；配合行政执法部门。

劳务安全风险：完善保险体系转移风险；合同明确约定相关条款。

## 审计风险的种类及防控

（1）风险种类

违法分包风险：合同主体为股份公司，分供方合同以各工程集团（局）名义签订。

据实结算风险：施工单位先代付，业主后付款。

以审代结风险：审计时间跨度大；审计次数多且更严格。

资料风险：资料不合法合规；资料不齐全；资料不闭合、不交圈。

（2）风险防控

违法分包风险：规范下游分供方合同签订及合同履约，以降低监管部门对项目违法分包的查处及认定的风险。

据实结算风险：在与据实结算部分分包签订合同时，已跟踪审计审定后再按照一定比例付款，待国家审计后再进行尾款支付。

以审代结风险：在合同中尽量取消以审代结条款；提前做好结算准备，与相关单位沟通结算流程，专人跟踪，压缩结算周期。

资料风险：熟悉和掌握审计和审价工作的目的、方法、特点和准则，制定有效的应对措施；认真研究相关法律法规，提供的资料必须合法合规，有法可依有据可查；所有资料必须齐全有效，技商配合，闭合交圈。

## 征拆风险的种类及防控

（1）风险种类

征拆进度不匹配风险：影响节点进度、增加成本，抢工影响总工期。

征拆收费不统一风险：临时征地套用永久征地标准。

征拆协调困难风险：跨地域协调；地方产权单位、村民用地纠纷。

征拆主体责任不明确风险：轨道交通、PPP 项目等征拆由业主负责但其不作为；清单中无相应收入被强行扣款。

征拆超额风险：超过用地面积和超过清单单价部分由乙方承担。

政治风险：强征强拆引起的社会不稳定；钉子户勒索。

（2）风险防控

征拆进度不匹配风险：积极推动、配合业主征拆工作；记录影响时间段、注重索赔。

征拆收费不统一风险：注重依据、据理力争。

征拆协调困难风险：推动、借力。

征拆主体责任不明确风险：积极推动，但不进行任何形式的垫付款；立足合同依据。

征拆超额风险：按合同约定维权。

政治风险：配合行政执法部门。

## 材料涨价及超耗风险的防控

（1）风险种类

主材调差风险：施工方承担风险；正差、负差处理风险。

地材、钢材不调差风险：投标价与实际价格相差大；信息价与实际价格相差大；基础设施地材超耗严重。

合同约定不明风险：不单独计量的项目不调差；材料超耗部分不调差。

调差方式风险：主要在铁路工程方面。

材料超耗风险：主材、地材超耗严重。

（2）风险防控

主材调差风险：推动业主谈判，方向为正差多调、负差少调或不调。

地材、钢材不调差风险：打包为商品混凝土调差；积极运作自产碎石；通过运距、环保因素争取调差。

合同约定不明风险：参考合同专用条款、计量规则或相关行业法规。

调差方式风险：投标价、合同约定的上限、市场价、信息价比较，分析对企业方最有利的调差方式。

材料超耗风险：加强科技创效，降低损耗。

## 概预算源头风险的种类及防控

（1）风险种类

概算不足：概算计价模式造成的缺漏项；外围条件引起的概算超出工可。

施工图超设计图：施工图工程量大于初步设计工程量。

估算风险：PPP 模式估算过低。

概算计量：计量条件高于行业标准；合同无定量或要施工单位算量的风险。

（2）风险防控

概算不足：概算编制时，图纸尽量附主要工程量和设计说明，降低设计漏项；做好周边环境调查，减少二类费用占比；加强措施来弥补被优化的工程量，实体费用平移，从费用上与初步设计持平。

施工图超设计图：做好限额设计策划及管理，下达限额设计指标，确保限额设计；施工图正式出图前及时进行图纸审核，从严把关；严格执行设计分包合同中关于设计违约的处罚条款。

估算风险：对 PPP、EPC 项目要在可研阶段进行估算、概算进行分析，规避先天不足风险，加强项目前期调研及标前成本测算工作。

概算计量：合同明确计量条件，避免业主另提要求，规避计量风险；明确算量依据，宜选择委托第三方算量。

## 结算风险的种类及防控

（1）风险种类

资料缺失风险：边施工边立项、方案审批流程长，时间久；结算审批无法正常上报；垫资时间延长。

方案与实际不符风险：未按批复方案施工；实际完成工程量与方案不一致；竣工图无法及时提供。

审计减量风险：对实施单位的设计、方案、费用未进行有效审核；先确定实施单位后进行比选，不能争取有利的价格；隐蔽工程资料收集不全、不及时。

（2）风险防控

资料缺失风险：积极对接实施单位提供相关支撑性资料，尽快组织现场验收上报结算审批；争取过程支付部分工程款，减缓垫资压力。

方案与实际不符风险：深入参与设计、施工方案的讨论，全面掌握信息，加强方案的实操性，加强对现场监管，确保施工单位按方案组织实施；积极对接实施单位提供竣工图。

审减风险：对实施单位的资料进行严格审核、分析，为后续价格谈判提供参考；严格执行招议标程序，杜绝直接确定实施单位的情况；造价咨询、监理单位全程参与价格谈判；设专人管理资料并及时存档，技术总工和工程部长定期检查资料的完整性和合理性。

# 10 控制

## 项目过程成本管控

过程成本管控主要对构成成本费用的诸要素进行规划、限制和调节，通过建章立制，规范管控行为，设置规定动作，及时纠正偏差，达到项目内控成本的目的。过程成本控制基础是岗位责任制的建立，只有各业务线条和岗位责任制的相互合作实施，进行有效的管理，才能实现项目全方位的成本控制。

# 工程数量控制

工程数量是项目实现收入、控制劳务、材料、机械、临时设施成本支出的基础，在项目责任成本管理中处于核心地位。

（1）工程数量“六量控制”

所谓“六量控制”是指工程项目的中标清单数量、施工图工程数量、变更工程数量、责任预算工程数量、预算分解工程数量和实际完成工程数量的控制。

中标清单工程数量，是指工程项目中标后同业主签订的施工合同中工程量清单所列示的工程数量。

施工图工程数量，是指对施工图进行审核后确定的工程数量。是指导项目现场施工，业主验工计价和变更索赔的基础依据。

变更工程数量，是指施工过程中发生的设计、方案、签证等变更工程数量，是业主验工计价和结算的基础依据。

责任预算工程数量，是指公司相关部门经过现场勘查，对施工图现场审核及优化后用于编制项目责任预算的工程数量，是编制项目责任预算的依据。责任预算数量与施工图工程数量的差额形成公司收益。

预算分解工程数量是项目部根据现场实际情况进行施工组织设计再优化后确定的各岗位责任的控制量，是编制项目岗位责任预算的依据，它与责任预算工程数量的差额形成项目效益。

实际完成工程数量，是队伍计价和考核责任的主要依据。实际完成工程数量与预算分解工程数量的差额形成责任考核依据。

（2）工程量逐级控制

开工前，公司工程、技术、商务管理等部门会同项目部共同对施工图量进行复核，在修正施工图数量后，对设计工程量分单位工程进行统计，作为施工图工程数量。

公司工程、技术、商务管理等部门对设计图纸量进行优化，确定责任预算工程数量，责任预算工程数量是项目控制工程数量的最高限值。

公司工程、技术、商务管理等部门对公司核定的责任预算工程数量通过施工方案的再次优化和现场实测形成预算分解工程数量。

项目部作业层以责任预算工程量为控制上限，按照项目部技术交底指导现场施工，形成实际完成工程数量。

劳务队已完工作内容和工程数量确认的程序为“项目部联合验工、工程部提供数量—工程部负责人复核—安质部门负责人会审—生产经理审核—总工审核—商务管理部复核—项目经理审批”。

（3）工程量台账的建立和登记

工程量台账要本着满足按月计算工程量节超，满足及时全面反映合同清单工程量、施工图工程量、责任预算工程量、预算分解工程量和实际完成工程量之间关系的原则进行设置，项目工程部门是工程量台账登记的责任部门。

（4）工程量控制责任制

建立工程量控制责任制是保证工程量控制机制得以贯彻落实的基础，通过明确项目部各责任体在工程量控制工作中的职责范围，促进全员参与工程量的控制。

## 劳务成本控制

（1）严把劳务入口关。坚持先准入后录用制度，防范资质或等级不符的劳务队承揽工程；认真履行劳务承包模式、承包单价和承包合同公司审批程序，坚持劳务队先签合同后进场制度。

（2）践行严管善待与合作共赢劳务管理核心理念。严格监控劳务规范施工，防范安全质量事故；做好劳务技术、测量、试验、物资、设备、结算等保障，当好劳务的顾问、参谋，帮助劳务提高工效，实现项目与劳务合作共赢。

（3）严把劳务结算关。坚持劳务按月结算，防范劳务超设计、超合同、超预算计价，严防劳务超付款；减少零星用工、零星机械台班使用；坚持劳务结算公司审批制度，防止劳务纠纷。

（4）商务管理部按时登记劳务结算台账，定期对账。

（5）坚持利益回避制度。

# 物资成本控制

物资成本管控的基本思路为：量价分控，项目部控制物资消耗数量，大宗材料等由上级部门实施集中采购，有效控制采购价格。主要管控手段：集中采购，计划进货，采收分离，限额供料，日清月结。

（1）量价分控

1）数量控制

物资数量主要包括：设计数量、采购数量、应耗数量、库存数量和实际消耗数量五量。

2）价格控制

集中采购是降低采购成本的最主要手段，公司提升物资管理的重要举措。

（2）物资重点管控

1）计划关

做好物资预控，重点是做好物资集采供应方案预控；编制物资采购及供应计划，并根据技术变更、施工现场变化动态调整，确保计划的及时性和准确性。

物资采购计划由工程、技术、商务、试验、物资等部门根据项目施工计划，结合现场库存量共同编制，并经项目经理审批后实施。计划采购基本要求：保证需求，适量库存。严防超预算总量采购等低级错误。

2）采购关

以保障供应、降本增效为目的，大宗材料根据股份公司集采供应规定，分级实施物资集中采购，项目自采物资公开透明，实施公开招标、邀请招标、竞争性谈判等方式。

3）验收关

物资进场后必须至少有两个以上人员共同参与，坚持验数量、验质量、验规格、验品种的“四验”制度，及时办理入库手续。

①过磅与理论计算验收

盘条采用过磅，螺纹钢采用点支理论计算；工字钢、角钢等型材由于厂家质量标准不一，负差较大，在采购合同中必须约定验收标准，可以采用过磅与理论验收两种方式同时进行，超过约定标准要及时退货或在不影响质量的前提下降低单价收货。

②砂石料等地材验收

要合理选择过磅与量方验收，防止供应商虚增数量。

③混凝土外加剂要按掺量验收

外加剂每次进货必须由试验和物资部门共同验收，如果超过合同约定掺量要退货或降价验收。

4）保管关

建立工地集中料库，合理储备，做到“两齐三清四对口”，即库容整齐、堆放整齐，材质清、规格清、数量清，账、卡、物、资金四对口。

5）发料关

坚持限额供料制度，多批次，少批量，限量配送；及时登记供料台账，做到“日清”。

①开工前，工程、技术部门根据设计图纸提出“材料总需要量”及“单项工程材料需用量”并会同商务管理部门核加用料损耗后，交物资部门作为限额供料依据。发生变更增减时，按上述程序核加或核减限额。

②施工过程中，物资部门根据施工进度和工点工程、技术人员开具的“工点材料限额领料通知单”发料，并登记“单项工程限额供料台账”及“逐日消耗台账”。

③超出供料限额的，首先分析超支的原因，并提出处理意见；确需增加供料的，需要履行“工点工程、技术员申请→部门复核→项目总工程师审核→项目经理审批”程序。

6）消耗关

物资消耗核算坚持物资消耗与工程进度同步、与劳务结算同步、与财务核算同步三原则；建立物资定期盘点制度，组织相关部门按月对料库及现场物资进行实地盘点，汇总各工点当月发料数量，计算实际消耗数量，与应耗量对比，分析节超，厘清责任，做到“月结”。

7）处置关

定期清理施工现场闲置、报废物资，在施工现场进行合理调配，无法调配的经上级审批后，在公司项目间调拨或及时处理废旧材料。

8）核算关

及时进行物资收发存核算及物资量、价成本节超分析核算，做到账物相符、账账相符。

# 机械成本控制

（1）设备成本控制程序

1）过程监控

项目配置的自有设备、劳务队自带设备等要全部纳入项目监控范围，控制设备投入数量。

2）及时调控

根据工程任务的变化，及时调增或调减现场已投入的设备。

3）坚持利益回避制度

项目领导以及财务、商务等关键岗位人员的亲戚朋友不得在本项目出租设备。

（2）设备成本控制关键点

1）严格执行企业和公司设备购置审批程序，实施设备集中采购，降低采购成本。

2）严格执行租赁设备申报、审批制度，合理选择工作量或工作时间结算方式，控制租赁单价。严禁签订不约定保底工作时间的固定价（天或月）租赁合同，严防以小充大、以次充好。不论以哪一种方式结算，项目部必须依据签字齐全的凭据以及出租方提供的合规发票按月结算租赁费。

3）严把桩基、隧道等劳务队设备进场验收关，严格控制设备成新度，老旧、耗油高的设备不许上场和报批，防范设备原因影响项目工期，防范劳务队转嫁工期风险。

4）上场的行走设备、大型特种设备（尤其是租赁和劳务队的设备）必须由产权方投保，避免设备发生事故后，造成巨额索赔，增加不必要成本。

5）劳务队使用项目自有设备或项目租赁设备时，要按规定收取设备租赁费用（可以在劳务队结算中扣），不得无偿使用。

6）落实单机（车）核算制度。对自有设备的油料、电力、配件及修理费用等，项目部根据公司的消耗定额，结合现场设备的成新度及现场施工环境，合理测定消耗标准，实行单机（车）核算，做到消耗费用与设备挂钩、设备与人挂钩。

## 临时工程成本控制

（1）进场临建策划

临建工程由于无参照，无图纸，弹性成本较大，往往是项目潜亏的重要原因，这就要求项目上场必须先进行临建策划，包括临建方案制定、临建标准选型、临建平面布置、临建成本分析等工作内容，并严格报审程序，并实行总价（指标）控制。

（2）临时设施建设

即临时设施要根据工期要求，结合业主、监理规定、企业形象、管理标准，按照有利于项目管理、有利于安全环保文明施工以及经济适用的原则建设。

（3）临时设施分类

临时设施按其规模大小和使用性质划分为大型临时设施（含过渡工程）、小型临时设施（含临时房屋）两类。

（4）临时设施方案确定

临时设施方案的制定分两级控制。公司成本预控小组在上场预控时制定纲领性的临时设施方案，项目部在公司的基础上制定详细的临时设施实施方案。

（5）临时设施方案实施

项目部根据临时工程实施方案施工。超过预控标准的，临时工程方案需要报公司审核，在公司审核批复后，项目部按批复方案落实。

（6）临时设施施工

临时设施施工前要有施工设计图纸，并对施工方交底后方可施工。

临时设施工程建立内部“立项审批”制度，开工前由工程部立项，测量配合做好原始地面资料，项目经理审批后，计划、工程、物资、生产经理等做好施工前、施工过程和施工后记录、检查、签认。严禁施工完成后在没有原始基础资料情况下填写临时工程量结算凭证。

（7）临时设施结算

1）临时设施结算由现场人员填制已完工程数量表，并附计算单，计算单中有详细的计算过程、临时设施示意图。现场负责人、技术部门负责人、生产经理、总工程师审核、签认。

2）临时设施严禁用零星用工、台班结算，要以工程量的方式体现。

3）控制工程数量和单价，工艺和标准明显低于主体工程的临时工程参照主体工程单价的，不得高于主体工程单价。

4）临时设施必须签订合同。严禁无合同或按台班签合同的现象。

5）临时设施完工后要及时结算，并完善手续。

（8）临时设施摊销

1）大型临时设施（含过渡工程）的摊销

中标合同工程量清单中单列的大型临时设施（含过渡工程）施工完成并经业主计价后，按业主计价比例摊销;包含在清单综合单价中的大型临时设施（含过渡工程）摊销方法同小型临时设施。

2）小型临时设施（含临时房屋）

小型临时设施（含临时房屋）费用一般在包含在中标合同工程量清单单价中，根据施工完成的产值占合同产值的百分比摊销。对于单列的小型临时设施施工完成并经业主计价后，按计价比例摊销。

## 管理成本及税费控制

（1）间接费用、管理费用、财务费用等非生产性支出以及税费支出，均纳入责任成本管理范畴，实行预算管理。

（2）要依据公司相关规定，明确组织管理模式，确定机构设置、人员和车辆等配置标准以及相关费用支出标准，提高资源使用效率。

（3）间接费用和管理费用支出要坚持节俭理念，按照经济适用的原则，采取预算控制、指标包干、限额报销等方式，严格履行审核、审批、报销流程，减少非生产性支出。

（4）对于确实需支出的预算外间接费和管理费，要按照事前有预算、事中要控制、事后限期报的程序办理，一事一批、一事一办、一事一报。

（5）加强资金成本控制

1）坚持资金集中管理，以及代扣代缴制度，提高资金集中度及使用效率。

2）坚持量入为出、适度负债资金管控原则，建立在建项目工程款确权和催收制度、竣工项目拖欠款和到期保证金以及债务清收制度，加快资金周转。

（6）加强税务成本控制

1）积极研究并利用国家税收法规，实施税收策划，依法减少企业流转税、所得税等税收支出。

2）做好税务登记、申报、缴纳等工作，严格审核应税凭证，杜绝假发票，严禁“白条”等非应税凭证列账。

3）建立税收风险防范机制，杜绝偷税、漏税行为。

## 安全、质量、工期成本控制

安全、质量、工期对项目成本有着举足轻重的影响，在项目管理上，工程进度是主线，安全、质量是底线，效益是核心，只有抓好主线，守住底线，才能保证核心。

（1）安全成本控制

安全成本控制主要有三个方面：一是规范安全设施的规格样式，使得安全设施可在各项目周转使用，降低成本的摊销比例；二是加强安全设施领取、使用及维护管理，降低损耗率，减少成本的浪费；三是做实安全方案预控、过程隐患治理，杜绝发生安全事故，避免事故带来的成本损失。

（2）质量成本控制

质量成本控制主要有三个方面：一是根据项目战略定位合理制定质量目标及质量保障措施，避免盲目投入成本；二是严格对原材料、半成品质量验收，严禁使用不合格材料；三是加强工艺工序质量监督与验收，落实过程实体工程质量检测，杜绝返工造成成本流失。

（3）工期成本控制

工期成本控制主要有三个方面：一是优化施工方案合理确定工期目标，在工期过长间接成本增加与工期过短直接成本增加之间形成平衡；二是合理划分施工任务，合理配置生产要素，按工期计划组织均衡施工；三是编制总工筹，识别重要节点、关键节点，紧控节点目标。

（4）安全、质量、工期与成本的关系

安全、质量、工期与成本是辩证统一的关系，项目前期拖延，后期赶工，资源投入必然增加，同时安全质量事故发生的概率也会升高，从而导致项目成本大幅增加。所以项目管理一定要建立大成本意识，资源投入一次到位，确保能有效控制项目成本，避免项目失控。

# 11 归集

## 项目责任成本核算与分析

针对基础设施项目工期长、变化大等特点，阶段性成本核算至关重要，成本核算是成本管理的重要组成部分。通过成本核算，从根源上寻找项目管理漏洞，从数据上分析节超原因，以问题为导向，及时将成本超耗苗头消灭在萌芽状态。成本核算需要统一标准和方法，确保核算的公平性和准确性；成本分析要及时准确，凸显分析结果在过程控制中的参考指导作用。

成本核算是将项目发生的各种耗费按照一定的对象进行分配和归集，以计算总成本和单位成本。

成本分析是利用成本核算及其他有关资料，分析成本水平与构成的变动情况，研究影响成本升降的各种因素及其变动原因，寻找降低成本的途径。其作用是正确评价预算成本计划的执行结果，揭示成本升降变动的原因，为编制责任成本预算和有效控制成本提供重要决策依据。

科学合理地组织好项目成本核算，对全面提高企业管理水平，提高企业经济效益有很大的推动作用，要从成本核算的角度规范项目各项基础管理工作。

## 项目责任成本核算方法

成本核算是指将项目在生产经营过程中发生的各种耗费按照一定的对象进行分配和归集，以计算总成本和单位成本。成本核算通常以会计核算为基础，以货币为计算单位，是成本管理的重要组成部分，对于企业的成本预测和企业的经营决策等存在直接影响。项目部的成本核算包括收入核算、成本（费用）核算和作业层的实物工程数量核算。

### 1. 核算目的

盘点统计分析，防止出现管理漏洞；及时纠偏，持续改进；落实岗位成本责任制。

### 2. 核算要求

本着“准确、简捷、易懂、透彻”的原则，从以下几个方面反映项目经济运行状况：

（1）项目整体盈亏情况，反映项目整体盈亏情况、收入变更情况、成本发生情况、盈亏比例等，以此为基础，进行项目整体的盈亏原因分析、变更或收入的争取、明确成本整体控制目标、制定整改或扭亏措施等。

（2）项目资金状况，反映项目现金流情况、公司垫资情况、债权债务情况、资金缺口以及对项目影响的风险评估等。

（3）主要材料的节超，主要反映项目材料成本的节超情况及对本项目整体成本的影响，在此基础上提出今后材料成本控制的合理意见。

（4）项目本级费用、临建费用的开支情况，反映项目本级管理费、间接费、临建费用等节超情况、税务筹划、管控水平等。

### 3. 核算主体

项目责任成本核算主体是以项目经理为中心的项目部管理层各业务职能部门。

### 4. 核算对象

责任成本核算对象为项目部各责任中心，与项目责任成本管理组织体系相匹配。

### 5. 核算原则

符合会计制度规定的成本费用开支范围。

及时性原则。进行责任成本核算和信息反馈，及时纠正偏差。

准确性原则。客观、公正反映各责任中心的成本控制效果。

配比原则。成本费用支出与责任预算配比。

量价分离原则。作业中心对数量节超负责，价格节超由管理层负责。

### 6. 核算周期

收入核算和成本核算周期：季度。

作业层实物工程量核算周期：月度。

### 7. 核算体系

责任成本的核算必须建立原始凭证体系和账簿体系，责任成本核算和财务会计核算要同步进行。

（1）原始凭证体系

原始凭证指发票、工程数量表、计价单、发料单、台班签认单等构成费用的单据，原始凭证作为登记责任成本账簿的依据。

（2）账簿体系

主要指责任成本管理台账，是责任成本管理的重要环节之一，是各责任中心成本控制、分析、考核兑现的直接依据，在填制过程中数字必须做到及时、准确、完整，只有在准确数据信息前提下的核算，才能使项目在管理过程中及时发现问题，提升管理。

责任成本管理台账：主要包括收入台账、工程数量台账、劳务计价台账、材料消耗台账、机械设备费用台账、征地拆迁台账、临时设施台账、管理（间接）费用台账、责任成本总账和收益明细台账等，营改增试点后的上场项目还包括增值税台账。

### 8. 收入核算

收入核算是指项目所有对外收入的核算。收入核算的业务由计划部门负责，技术部门和其他业务职能部门配合。主要核算初始合同收入、变更索赔收入和其他收入三部分，对应计未计和超前计价进行核算。

### 9. 成本（费用）核算

成本（费用）核算是指对项目成本的总体核算，要细化至责任中心和结构物，包括预算成本的核算和对应实际成本的核算。财务部门根据责任中心划分情况进行实际成本的核算，各业务部门在计划部门的组织下对责任中心预算成本进行核算，财务部门进行预算成本和实际成本的归集。为了保证财务部门核算实际成本的准确性，财务部门在预算分解时要进行全程参与，一是对中心的设置情况和中心的职能定位要清楚；二是对每个中心预算分解所包括的费用要清楚；三是预算分解时对成本核算时的预算价格共同确定，便于责任成本核算。成本（费用）核算细化至责任中心和结构物，不仅实现了工料机的总体核算，更将直接、间接费用对应至责任中心和结构物，使成本核算从横向和纵向同时进行。

（1）责任预算成本的确认

劳务费责任预算成本的确认。预算成本计算根据考核期确认收入的工程量乘以预算分解劳务单价计算。

材料费预算成本的确认。预算成本计算根据考核期确认收入的应耗材料数量乘以预算分解材料单价。

机械设备、周转材料费和本级管理费预算成本的确认。考核期预算成本按照完成产值乘以预算分解时各中心费用占总产值的百分比、工期进度和对应受益对象完成情况综合计算。

临时设施、征拆中心责任预算成本的确认。当期预算成本的确认由两部分组成，一是业主计价批复部分，全部纳入当期预算成本；二是超过收入部分按照预算分解此项费用的预算总额占完成产值的百分比和后期需发生的复垦、拆除等费用综合考虑计算。

项目经理基金责任预算成本的确认。按照各责任中心本期调整额确认。

（2）实际成本（费用）核算

凡涉及责任中心的成本、费用，必须由责任中心负责人签认、财务部门负责人审核、项目经理或项目经理指定的副指挥审批后，财务部门方可予以报销列支。

实际成本费用的归集执行现行财务制度规定，按责任中心归集由财务登记责任成本明细账。每月末各职能中心要核对开支数据，签认对账单。

## 10. 作业层实物工程数量核算

作业层实物工程数量核算是指按照预算分解时作业层各中心确定的既定目标（控制指标或控制指标与实物工程数量）与实际执行情况的核算。由各业务职能部门核算，对作业层实物工程量的核算充实了在成本管理过程控制环节缺乏实物工程量控制指标的管控体系。

收入核算、成本（费用核算）和实物工程数量核算充分体现了项目部责任成本管理由管理层集中核算的思路，体现了在核算中的“收入与支出相分离、作业层与管理层相分离、数量与价格相分离”的“三分离”预算分解基础上的核算。

# 项目责任成本分析

## 1. 成本分析的基本方法

比较法、因素分析法、差额计算法和比率法。

（1）比较法

又称“指标对比分析法”就是通过技术经济指标的对比，检查目标的完成情况，分析产生差异的原因，进而挖掘内部潜力的方法。这种方法，具有通俗易懂、简单易行、便于掌握的特点，因而得到了广泛的应用，但在应用时必须注意各技术经济指标的可比性。

（2）因素分析法

又称连环置换法。这种方法可用来分析各种因素对成本的影响程度。在进行分析时，首先要假定众多因素中的一个因素发生了变化，而其他因素则不变，然后逐个替换，分别比较其计算结果，以确定各个因素的变化对成本的影响程度。

（3）差额计算法

是因素分析法的一种简化形式，它利用各个因素的目标值与实际值的差额来计算其对成本的影响程度。差额计算法是因素分析法的一种简化形式，它利用各个因素的目标值与实际值的差额来计算其对成本的影响程度。

（4）比率法

是指用两个以上的指标的比例进行分析的方法。它的基本特点是：先把对比分析的数值变成相对数，再观察其相互之间的关系。常用的比率法有以下几种：

相关比率法，由于项目经济活动的各个方面是相互联系、相互依存，又相互影响的，因而可以将两个性质不同而又相关的指标加以对比，求出比率，并以此来考察经营成果的好坏。

构成比率法，又称比重分析法或结构对比分析法。通过构成比率，可以考察成本总量的构成情况及各成本项目占成本总量的比重，同时也可看出量、本、利的比例关系（即预算成本、实际成本和降低成本的比例关系），从而为寻求降低成本的途径指明方向。

动态比率法，就是将同类指标不同时期的数值进行对比，求出比率，以分析该项指标的发展方向和发展速度。动态比率的计算，通常采用基期指数和环比指数两种方法。

## 2. 成本分析相关要求

工程项目部推行“月重点季全面”成本分析制度，定期开展成本分析活动，明确盈亏状况。

月重点分析即项目部每个月要进行对当期工程数量、材料消耗数量的节超分析，安全质量对成本的影响分析，月度完成计划情况对工期的影响分析，并制定纠偏措施。季全面分析即每个季度要对当期的收入、成本、资金等经济状况进行综合剖析，查找差异并制定整改方案。

为真实反映项目责任预算节超情况，项目部应对各类账外收入和账外成本进行分析，主要包括账外项目收入情况、变更索赔确认、劳务队已完未计价、应列未列材料、应列未列设备费、应列未列其他费用、临时工程征地拆迁费用摊销情况等。

分析结果形成书面材料，根据分析结果制定有针对性的整改措施，并跟踪检查整改进展及效果。

通过对项目经济运行状况的分析，找出存在的主要矛盾，通过共同研讨的方式，制订针对性的措施，为项目管理和领导决策提供依据和参考。

一是要把项目目前的盈亏分析清楚。盈在哪里？亏在何处？属何种原因造成？二是要有整体性，不仅要对现状分析，还要对项目的后期经济状况有一个预判，对其存在的经济风险进行分析。三是对已采取的措施取得的成效。四是建议采取的措施。

## 3. 成本分析形式

召开成本分析会。

（1）会议时间控制：务实高效；数据说话，不念数据，要分析数据，特别是异动数据。

（2）会议召开频率：月度专项成本分析、季度 / 节点全面成本分析。

## 4. 如何开好成本分析会

（1）项目层面

1）项目经理（主持和总结）：总体评价成本、进度、质量、安全、资金；对各人工作亮点和不足进行点评；下步主要工作。

2）项目商务经理（主要分析人）：晒成本包括实体费用（主材消耗）和措施费用（临设、周材、间接费）三算对比（量、价）；横向对比（跟相邻标段比）；改进措施建议（注意是力所能及能解决问题的建议）。

3）材料主管：主要是材料的量、价分析原因及措施建议。

4）其他岗位：根据发生的问题相关部门人员进行简要发言。

（2）公司层面

1）部门：肯定亮点、指出不足；横向对比分析；改进建议。

2）总经济师：总体评价；改进建议。

## 5. 成本分析会的结果应用

（1）与项目兑现奖挂钩（公司考核）。

（2）与成本预兑现奖挂钩。

（3）与绩效薪酬挂钩。

（4）与评先评优挂钩。

# 12 目标

## 项目结算与回款管理

项目结算管理是项目管理的第三次经营。树立“开工即结算”和“结算似营销”的指导思想，巧用方法和策略，提高项目结算率和结算利润率双指标。

# 轨道交通项目结算要点

## 1. 结算工作的开展原则

（1）实事求是原则：结算资料必须完整、真实反映施工合同约定或补充的所有工作内容。

（2）时效性原则：结算资料中所有原始记录、过程签证等应确保其时效性。

（3）有序性原则：结算资料的编制应思路清晰、分门别类、整体有序。各专业大致按前期工作、核算及增补清单、工程变更及洽商、价差调整及扣甲供材料、新增工程、其他费用分类编制。

（4）可溯性原则：所有结算资料都应有必要的支撑性材料，所有支撑性材料都应有理有据，闭合成环。

（5）集体性原则：结算资料的编制需要项目领导高度重视、项目结算牵头人积极督促、项目各部门全力配合，反映了结算参与人员个人业务素质和项目集体协作能力。

## 2. 结算工作的时间安排

在轨道交通项目的施工过程，项目部可根据施工合同、结算办法或其他相关文件，明确结算工作开展的依据，确定结算资料整理、编制的各时间节点。

（1）过程中做好分部工程、单位工程施工图量清理及预结算工作

在每项分部工程完工后，项目部即可根据施工图纸、洽商、签证等编制分部工程结算；在单位工程完工后应根据已经完成的分部工程结算，汇总单位工程结算；在各单项工程完工后，可根据各单位工程结算，汇总单项工程及整个项目的竣工结算。

结算工作应注重过程中问题的解决，在施工过程中对施工项目逐项清理，做到清量在前，施工在后；施工与计价同步，施工资料与变更资料同步。施工完成，相应结算基础资料也应整理完善。这样在项目竣工后可更容易、更顺利地完成全部结算资料的整理编制工作。

（2）在工程竣工后按业主要求时间节点编制上报结算资料

工程竣工结算资料的编制上报需按照施工承包合同约定。

如北京轨道交通：工程竣工后，承包人应当按照国家有关规定及合同要求，编制单位工程竣工结算资料、单项工程和建设项目竣工结算报告及完整的结算资料，并与工程竣工报告一并提交发包人审查。

长沙轨道交通：在竣工验收20日内，向监理人提交完整的竣工结算文件，监理人在收到竣工结算文件起40日内审核完毕。

沈阳轨道交通：工程竣工验收报告经发包人认可后28天内，承包人向发包人提交竣工结算报告及完整的结算资料。

太原轨道交通：承包人在工程竣工验收后28天内向发包人和监理人提交竣工结算申请单，并提交完整的结算资料。

苏州轨道交通：在颁发单位（子单位）工程验收意见后56天之内或业主同意的任何时间，承包商应按业主规定的格式向监理工程师提交竣工结算文件（草案）一式四份。

### 3. 竣工结算方式

根据施工承包合同约定的合同价款形式，确定结算方式。

（1）对采用工程量清单计价结算方式，合同价款方式为固定单价的合同结算时，工程量清单漏项或工程变更引起新的工程量清单项目时，结算单价执行方式按以下方式（一般情况如此，如有不同按合同约定执行）：

1）新增项目综合单价如合同中已有相同项目的，按合同价格进行计算。

2）新增项目综合单价如合同中有类似项目的，以合同中类似项目的综合单价为基础，由承包人提出报价，经监理工程师审核并报发包人审定后进行计算。

3）新增项目综合单价如合同中没有相同和类似项目的，新增项目综合单价则按合同价格的确定方式，由承包商进行报价分析，经发包人批准后进行计算。

（2）对采用工程量清单计价结算方式，合同价款方式为固定总价的合同，工程量清单漏项或工程变更引起新的工程量清单项目时，结算单价按合同约定执行。

## 4. 轨道交通竣工结算资料的组成

目前公司轨道交通项目较多，各城市轨道交通工程结算资料不尽相同，但主要组成基本一致，主要包括以下几方面：

（1）施工技术资料、工程数量支撑资料

设计图纸、竣工图纸、设计变更及工程变更文件、工程经济技术签证单、工程洽商签证、会审纪要、竣工图纸、隐蔽工程记录、工程量计算书、竣工验收证明等。

（2）合同文件、中标清单报价等价格依据资料

主要指招标文件、投标文件、中标通知书、合同书、工程量清单报价、补充协议、计量计价办法、政策性调差文件。

（3）费用汇总结算书

包括施工图纸工程量计算书、设计变更四方会议纪要、竣工图纸、工程洽商记录、工程量签证单、人工费调差计算表、材料费调差计算表等。

结算具体资料如下：

1）建设工程施工合同、补充合同或补充协议书；

2）中标通知书；

3）承诺函；

4）投标书及其附件；

5）招标文件（包括招标补遗文件）；

6）图纸（包括招标用图纸、施工图纸、竣工图纸）；

7）图纸会审记录；

8）监理工程师（或建设管理方驻工地代表）指令通知；

9）竣工验收报告及完整竣工资料；

10）甲供材料、设备接收单；

11）暂估价批价单；

12）工程设计变更；

13）工程洽商；

14）索赔报告及批复等相关资料；

15）与工程结算相关的会议纪要；

16）计量支付单；

17）工程结算书（文字版及电子版）；

18）其他关于工程结算的有关资料。

## 5. 结算工作的主要流程

每个城市轨道交通项目结算审核流程不尽相同，但都是经过监理单位、业主委托造价咨询公司、业主单位以及政府投资审计单位等进行逐级审核。

（1）结算审核方最先根据初步审核情况，出具审核报告

审核方将初审结果及待定问题，报送给咨询公司（牵头方）。咨询公司（牵头方）汇总并整理初审结果及待定问题后，建设管理方组织咨询公司、监理方与审核方进行讨论，确定相应解决方案。

（2）施工单位与监理方初次审核

施工单位与监理方按照确定的统一解决方案进行工程结算对审。咨询方对监理方与施工方的核对结果进行审核，监理方需全程参与，填写审核记录单，三方签字确认。

（3）解决初次核对结果遗留问题

审核方把核对过程中的异议问题及涉及金额报送咨询公司。咨询公司归类整理汇总后，由建设管理方组织咨询公司、监理方、审核方讨论，确定统一解决方案，必要时组织施工单位共同协商解决。

（4）施工单位再次进行对审

监理方与施工方针对初次核对遗留问题按照确定的统一解决方案进行再次审核；审核方对监理方与施工方的核对结果进行再次审核，填写审核记录单，三方签字确认。

（5）整理汇总审核结果

审核方对审核结果整理汇总并进行自审，完成后将工程结算审核结果报送咨询公司，咨询公司汇总整理后，报送建设管理方。

（6）定案

建设管理方会同监理方、审核方、施工方确认工程结算审核结果，形成审核结论。各方确认审核结论，在“工程结算审核定案表”上签章，结算审核工作全部完成。

最后一步即按照结算审核报告，进行末次验工计价。

## 6. 竣工结算工作中应注意问题及解决办法

（1）结算编制、审核时间过长

1）轨道交通工程项目在进行竣工结算的审核时，通常需要施工单位先行收集整理、编制竣工结算资料，再由业主委托至具备相应资质的造价咨询机构加以审核，业主对造价咨询机构出具成果进行审批，然后将最终的审核结果上报至项目当地的审计、财政部门。基于此种流程，轨道交通项目的竣工结算编制、审核期限一般在一年以上，严重影响了企业的经济利益。

2）竣工结算的管理水平较低

目前，公司轨道交通项目的管理人员在具体监督、管控工作实施的过程中，通常侧重于项目的施工阶段管理，而忽视了对竣工结算的管理。虽然项目部具有一定的技术水平、管理能力，但仍缺乏有关结算方面的专业知识与技巧，对于工程索赔、设计变更、现场签证等重要事项的原始资料，没能及时进行收集、整理，从而影响到竣工结算的编审结果。从业主单位、监理单位人员结构来看，在施工阶段投入较多，在竣工结算阶段，通常留下主管竣工结算的人员存在资质不够、数量不满足的情况，从而也严重影响到竣工结算的进展。

3）签证、变更、索赔手续不完善

一般情况下，轨道交通工程项目的施工建设，受设计详细完备程度、现场施工场地条件影响，均会不同程度地出现进度计划变更、设计变更、施工条件变更以及原招标文件和工程量清单中未包括的“新增工程”、工程索赔，从而大幅增加项目施工的现场签证数量。变更、索赔处理是结算工作的重要节点，此项工作迟延将直接导致竣工结算资料编制时间迟延，同时也加大了提高结算审核金额的难度。

（2）轨道交通工程竣工结算管理的把控要点

针对轨道交通项目竣工结算管理工作存在的问题，建议自项目的招标阶段开始，采取全过程、全方位的造价管理模式，把控竣工结算上报、对审等多个阶段、环节。基于此种管理模式，项目竣工结算的管理应把握好以下几个管控要点：

1）做好竣工结算管理的前期准备：轨道交通工程的竣工结算，是一项需要参建各方通力合作完成的重要工作，提前做好结算准备工作，可加快结算进程，提高各项送审资料的编制质量。

注重合同差异性,针对合同特点提前部署结算工作。结算编审是个动态过程，历时较长情况复杂，每个合同均具有个体性和差异性，在结算编报过程中会遇到不同问题，应针对不同类型的合同，制定不同的结算开始时间。例如总价包干合同，可分册编制，对于总价包干部门提早编制，变更部分、调差部分具备条件时开始编制。

2）加强对设计变更、索赔、现场签证的控制：在轨道交通工程项目的实施过程中，对于各项设计变更、现场签证、工程索赔行为，需首先保证原始资料的齐全和规范。上述行为的发生，不仅需要配有全面、完善的方案文件、工程量文件、日期记录、图示文件等书面资料，同时还应在各类文件中加盖相关各方责任人、责任单位的签章，以此避免项目结算时存在虚报、扯皮现象。

值得注意的是，对于工程索赔、设计变更、现场签证中的价款确定，应严格合同中的定价原则进行计算，没有价格信息的材料、设备，应及时进行市场询价。

3）加强对工程资料、档案的管理

结算工作不仅需业主、监理单位以直接的管理、审核、监督加以控制，同时也需项目的施工单位充分发挥其主导意识的作用，加强自身对工程资料、档案的收集、管理。由于轨道交通工程竣工结算所需材料繁多，合理分类管理工程档案不但有利于日常管理工作，更有利于加快竣工结算工作效率，完善相关竣工决算所需材料。

4）加强对竣工结算的对审

一般情况下，结算工作分为三级审核，第一级由现场监理工程师审核，重点对施工过程中发生的工程设计变更、现场签证及相关的结算资料的真实性、正确性、增减工程量进行审核，并出具审核意见书；第二级审核由建设单位的项目管理部在监理单位的审核基础上，再进行复核并出具审核意见书；第三级由造价审核部门在监理和项目管理部的审核基础上，再次对工程量计算、定额套价、相关费用的计取进行全方位的综合审核，得出工程的最终造价金额。

工程结算的对审是一个复杂而系统的过程，是一项政策性较强、反映技术经济综合能力的工作，需各项目高度重视，选调具有较高专业知识水平和一定的施工经验的人员去对审，并充分准备对审的依据资料，据理力争，争取竣工结算额的最大化。

## 公路工程项目结算要点

### 1. 迎审预控

（1）项目审计容易出现的问题

1）新增项目单价套用不合理

路基换填土石方单价按开挖土石方和利用土石填方叠加后的单价计量，此单价套用显然不合理，应套用挖除换填单价；不同章节项目尽量不要跨章节套用项目单价，对此类新增项目应重新编报批复。

2）大额变更未见省部级主管部门批复

有的项目百万元以上的变更大都没有附省部级主管部门的批复，审计时常常问起，容易被查出问题。项目应把大额变更化整为零，实在无法分解的，积极主动和业主沟通，尽量把省部级主管部门的批复附上。

3）不予计量的工程量进入计量工程量清单

根据招标文件规定，分项工程中有的工作长度或工作面工程量不予计量，包括在主体工程量报价之内，因此项目在清理工程量时应仔细研读招标文件，不计量的工程量不要进入计量工程量清单，避免日后审计因小失大，增加不必要的麻烦。如预应力梁张拉钢绞线的工作长度；梁板制安预留的吊环等。

4）工程量计算错误

有的项目工程量计算和原设计数量存在明显的错误，有高估冒算的行为，还有笔误的，但无论哪一种都会给日后的审计留下隐患。

5）避免分部分项工程中新增加附属项目

对于这些项目如果我们的资料做得不够完善，很容易被包括在主项工程项目之内不予计量，或是与计量规则相冲突，对此应重新立项上报新增项目单价进行计量。如某项目的抗滑桩护壁，因山体滑移导致混凝土护壁开裂，为保证施工安全，经业主同意特设置了工字钢支撑进行护壁加固，此部分工程量是新增加的项目，虽然属于护壁项目中的附属工程，但定额或规范中没有该项工程，是特殊地质情况下新增设的项目，应单独计量支付，最好上报新增单价后重新立项计价，不应套用隧道工程钢支撑单价。而审计却认为这部分工字钢属于为桩身“设置支撑和护壁”的附属工程项目不予计量。

6）多计或重计以及负变更问题

如：填方段涵洞占用填方量体积应扣未扣；隧道中附属洞室洞口占隧道正洞初期支护和二次衬砌部分工程量应扣未扣；钢拱架所占的喷射混凝土的体积（此种情况定额中没有明确规定，存在争议）；还有项目上报变更只上报增加的工程量，相应减少的原设计部分工程量未核减；还有“负变更”应报未报等。

7）材料量差和价差问题

自购材料和统供材料之和小于计量工程量称为量差，价差是自购材料与统供材料的单价差额，对于材料量差和价差所产生的效益，如果财务部门没有做好账务处理，很可能被审计部门扣减。

8）变更批复滞后

目前由于建筑市场投资主体多元化，加上国内建筑市场不规范，业主为了压缩投资加强工程变更的审批力度，利用霸王条款或业主指令推诿要挟变更审批，使许多有可能批复的变更难度增加、成本加大甚至于被搁浅。所以类似此种情况应及早批复，不应放到工程结束才批复，那样变更有可能会成为泡影。

9）财务方面的问题

财务方面审计容易出现的问题很多，如：支付监理加班费；外包劳务施工队结算金额比重偏大，民工工资支付有拖欠；保险费赔大于支；材料价差、量差问题等。

（2）各业务部门应注意的问题

1）财务部门应特别注意与甲方的往来账目。

2）物资部门

①自购材料所占的比重是否超过招标文件规定的比例，是否存在甲方指定材料供应商以外的材料采购，有无材料合格证书；

②主要材料（土工布、防水板、水泥、锚杆、钢材、型钢、钢纤维等）进货数量（甲供和自购）是否小于实际结算数量，如小于应及时处理，并与财务账面相吻合；

③材料补差依据是否充分，手续是否完善。

3）商务部门

①合同以外新增项目单价应及时上报新增项目单价分析资料；

②熟悉单位分项工程的组价内容，力争做到与招标文件计量与支付的规定相吻合，无论是工程量台账的清理还是编制新增单价应注意避免与招标文件计量与支付相悖。

4）工程部门

①工程数量台账的建立实事求是，对设计图纸数量表上工程数量误差及时勘误，少给的及时上报批复；

②工程数量台账的建立应和甲方的招标文件规定的计量与支付相吻合；

③认真清理和复核，防止计算错误。

各项目平时应注意积累和整理与工程量及计量支付的相关文件、签证、原始依据，对管段内所发生的每一项工程量了如指掌，并有书面材料。主要工程技术人员不轻易中途调离。

### 2. 结算迎审工作重点

（1）为防范审计，结算书编制前的准备工作

1）合同文件研究

在结算阶段，需重点研究合同的范围、双方权利、义务、结算的时间要求、

提供资料以及变更价格确定条款等。

具体如下：

①合同的工期、合同范围、合同金额等与结算时情况进行比较。如由于业主原因缩短工期等，可索赔赶工增加措施或赶工降效的费用；

如结算中部分施工内容超出合同范围，可协调业主签订补充协议，增加合同概算投资。

②重点查看业主方合同义务。若业主的部分合同义务由施工方负责（如临水临电接入费、前期场地征拆、管线迁改等），相应费用应在结算时增加，按照合同约定由业主承担此类费用。

③查看结算要求时间。应严格按照合同约定的时间报送结算。如业主另有通知的，需按照业主通知要求，及时上报结算文件。

④了解结算资料的详细组成及结算审核过程。重点了解结算上报资料组成、各项资料签认手续，以及结算的审核单位、审核流程，并提前疏通相关单位关系，做好沟通工作，为结算顺利通过审核做准备。

2）工程量计算规则、计价依据掌握

①结算人员熟练掌握工程量计算规则

结算书的编制需严谨、认真、细致。对于工程量的核算需按照工程量清单计价规范、设计蓝图、工程量清单编制说明等进行。

在工程量计算时重点把握混凝土、钢筋，一方面防止工程量的遗漏，特别是预埋件、隐蔽工程等工程量。另一方面因结算审核单位均按照“审减”比例收取相关咨询费用,在报送结算时可“适当”超出施工图量,预留出审减的空间。

②工程计价、结算依据

根据招标文件约定，计价结算依据包括：业主发布工程量计算办法、行业发布工程量计量规则、规范；地方发布的安措费文件、规费计取文件、人工价格指数、材料市场造价信息等。

3）施工图与清单复核

①施工图内容与合同承包内容的符合性复核

施工图作为指导施工和履行合同的依据，要对照合同和中标工程量清单逐项复核施工图内容，找出在合同中没有明确的施工图列示项目，或者是施工图中的漏项内容，并对照合同条款、清单内容、计量规则等，找出漏项的工作内容，主要有：

A. 成孔灌注桩的桩头凿除、废料弃置、泥浆外运工作内容及费用。

B. 非预应力钢筋搭接或机械连接。

C. 旋喷桩泥浆池制作、拆除，废料弃置、余方弃置、消纳。

D. 查看围护桩钢筋笼机械连接是否含在工作内容、综合单价中。

E. 查看土方、石方分界工程量，土石方外运超运距离等是否含在综合单价中，还是单独计算费用等。

F. 钢支撑工程量是否包含螺栓、垫板、焊缝等附件质量。

G. 柔性防水层包含基层处理、涂刷基层处理剂、找平层铺设、防水层铺设、附加层增强层铺设等工作；工程量计算时结构阴阳角、变形缝、施工缝等处的防水附加层量是否另行计算。

H. 变形缝工作内容包含基层处理找平，止水带、安装、密封防水等内容。工程量计算按照设计图纸尺寸以面积计算。

②施工图内容与招标图内容的符合性复核

可从施工图纸的交底资料等入手，将施工图与招标图进行详细对比，从设计说明、技术要求、施工工艺、质量标准、地质条件等方面，具体到围护结构形式、主体结构形式、设计参数、防水方式等进行全面比较分析，找出差异部分。如施工蓝图混凝土、钢筋等型号高于招标图或清单说明型号，则结算时可调整相应清单项目综合单价。

4）变更、洽商及签证、索赔等资料手续完善

在结算阶段，需全面梳理施工过程中发生的变更、洽商及签证、索赔等基础资料。具体如下：

设计变更：有经批复的变更申请单、变更费用概算批复、设计变更会议纪要、设计变更蓝图、批准的变更项目预算书等资料。

合同外洽商及签证：部分施工项目（如前期管线迁改配合施工）因无施工蓝图，对于工程量的确认可通过洽商、签证的形式。洽商主要说明相应事项的

现场情况、施工方案、费用预估等，以及有业主、设计、监理、施工等各方签字盖章手续。签证单主要是对发生合同外工程量的签认，是对实际发生工程量的认定情况。主要有监理、业主代表、业主工程部或业主领导等签字盖章手续。

费用索赔：如因业主原因发生误工、窝工、抢工、赶工降效等费用，需整理好相关资料，作为费用索赔的依据。主要有：合同条款依据、四方会议纪要、业主下发通知、开工令、现场发生工程量签证单、设备机械进出场报验单、进场人员登记、工资发放表、上报监理月报及周报、现场施工日志、工程洽商单、工程量确认单、相关政策性取费文件、费用计算汇总表等资料。各类基础资料需齐全，并完善相应的人员签字、盖章手续，同时原件应多做几份留存，防止结算阶段，部分资料遗失。

（2）全面、充分编制结算书

1）前期工作

前期工作，主要为涉及征地拆迁费用、管线迁改费用等。

2）核算工程量清单及增补清单

按照工程量结算规则，重新核算施工蓝图，对施工蓝图、施工组织、施工方案中包含的工作，清单中漏项的予以增补。

3）新增工程、设计变更

对新增工程或设计变更等，在核算施工图量后，按照合同中变更估价原则，进行综合单价的组价。

4）洽商、签证及索赔费用

施工过程中发生的合同外事项，现场进行洽商、签证的，需编制相应项目的工程量清单，按照变更估价原则进行综合单价组价，并结算总费用。

5）价差调整

按照合同约定，对人工费、材料费等进行价差调整。可充分研究合同、价格信息资料、施工进度资料，尽量调整价差时间，提高价差金额。

6）取费调整

根据合同约定及清单编制说明，在结算时，根据分部分项工程费用情况，对部分措施项目（安全文明措施费）、规费、税金等项目进行取费调整。

（3）上报结算书前做好自查工作，防范审计风险

项目部在将结算资料编制完成后，一方面要按照结算审计要求进行资料自查，对于洽商签证资料不齐全的，应及时进行补充，并进行签认手续完善；对于设计变更项目基础资料不全的，需及时补充施工日志、施工记录、检验批、试验报告、物资出入库、材料合格证等资料，从对上对下工程量、材料消耗资料、试验检验资料等方面进行逻辑闭合，防范审计风险。同时要梳理设计变更的立项、会议纪要、审批、设计概算、量价核算、费用批复等资料。另一方面在结算资料上报前，请公司对结算资料进行审查。在审查找资料问题，有针对性地进行整改后，再进行结算资料的上报。

（4）做好内审及外审的配合工作，有效解决审计问题

1）业主单位委托咨询公司内部审核

业主一般委托造价咨询公司对承包人报送的结算资料进行审核。项目部应提前疏通咨询公司关系，做好结算的上报及对审等工作。如与咨询公司关系较好（部分城市有过程造价咨询，并与结算内审为同一单位），可在结算资料报送前，邀请咨询公司审核人员帮助核查结算资料，主要是查看结算中有无费用遗漏、工程量计算错误、计算规则是否正确、支撑资料不足等问题。项目部应按意见及时整改上报，这样可达到事半功倍的效果。

另外，在结算资料上报后，更要提前沟通咨询公司责任人、审核组长、审核人等，想方设法构建良好关系促进结算审核工作的推进，防止其对结算费用的大额核减。项目部需积极对审，并把握结算工作进展，在审核中出现较大问题时，争取在审核人员中将问题解决，可通过补充资料、提供依据、加强沟通等。遇到问题需想方设法积极解决，严禁将问题搁置，以“不作为”方式解决。要尽量将问题在基层人员中解决，避免升级到审计公司上层领导或业主等单位领导层面。

2）移交政府审计集团（局）后的外部审核

在结算资料完成业主内部审核后，移交到政府审计部门进行外部审核。政府审计一般也委托专业工程咨询公司（以下简称审计公司）进行。

在项目部得知具体负责的审计单位后，应及早开展公关工作。可利用项目

部、公司、区域指挥部等资源和力量设法与审计集团（局）、审计公司等进行沟通，拉近与审核人员的关系，顺利推进结算对审工作，减少结算审核问题，提高结算金额。

如在结算审核中发现较大问题，应及时向公司汇报，充分调动公司力量进行解决。

# 铁路项目清概要点

## 1. 概算清理定义

概算清理，是典型的铁路项目的特色，是把整个建设项目的投资情况做一个总结性的文件，整个工作由建设单位牵头，施工单位配合设计院完成各项具体工作，包括施工图数量的核对、投资检算、变更设计清理、材料价差清理、部颁标准及规范变化、政策性费用变化、征地拆迁费用变更以及其他增加的费用等进行清理，通过概算清理检验合同执行情况、各项工程数量的真实性及费用的合规性，分析投资变化的原因，落实责任，合理确定工程投资控制规模。概算清理批复的结果，对施工单位的验工清算产生直接影响。

## 2. 概算清理重点

（1）设计院最终稿施工图预算，总量是否平衡，特别是负量差项目，尽可能消除负量差、负价差，避免扣减合同清单投资。

（2）概算清理文件定稿前过程Ⅰ类及Ⅱ–a 类变更设计是否完全批复（至少设计院已编制变更设计文件）。

（3）概算清理文件定稿前合同外工程是否已纳入（至少设计院已编制合同外工程清理文件）。

（4）概算清理文件定稿前征地拆迁（含三电、管线迁改和其他相关补偿）、材料设备价差政策性调整、岩溶及采空区处理工程和配合费、地方性收费等其他影响因素调整是否已审价到位（至少完成第三方审价及设计院根据审价报告已编制相应清理文件)。

(5)纳入概算清理的所有变更索赔事项各种支撑性基础资料是否齐全，原件装订成册，并准备好全部扫描件。

(6)各级单位针对纳入概算清理的所有变更索赔事项编制确保概算清理成果的主要存在问题及对策方案，加大概算清理跟踪审查、及时反馈意见、沟通协调与足额批复力度。

### 3. 概算清理总体原则、主要流程和文件组成

(1)概算清理总体原则

概算清理应坚持依法合规、实事求是、遵循合同、风险共担、严格核实、图量一致的原则。

(2)概算清理主要流程

概算清理工作一般由建设单位向项目初步设计审批部门提出申请，得到认可后，组织施工图设计单位编制概算清理文件，经建设单位初审后连同初审意见一并上报主管部门审查批准。

概算清理各项主要内容流程图，共有十二个流程，详见图 12-1~ 图 12-10。

要认真掌握以下三个内容:

一是概算清理的各个部分(如征地拆迁、政策性调整、Ⅰ类和Ⅱ–a 类变更等)分别有哪些必要程序;

二是施工、监理、审价、设计、业主、路集团(局)、铁路总公司相关单位各负责哪些具体工作;

三是要清楚在进行下一个程序之前，先要完成哪些程序，防止走弯路。

只有掌握概算清理的办事规则和办事流程，才能有的放矢，打有准备之仗。

(3)概算清理文件组成

概算清理文件的组成没有统一的标准格式，主要是设计单位根据该项目基础资料的多少来决定最终成册的架构，但主要层级关系为:

概算清理文件(即总册)主要包括:概算清理编制总说明，汇总表，分项目汇总表。

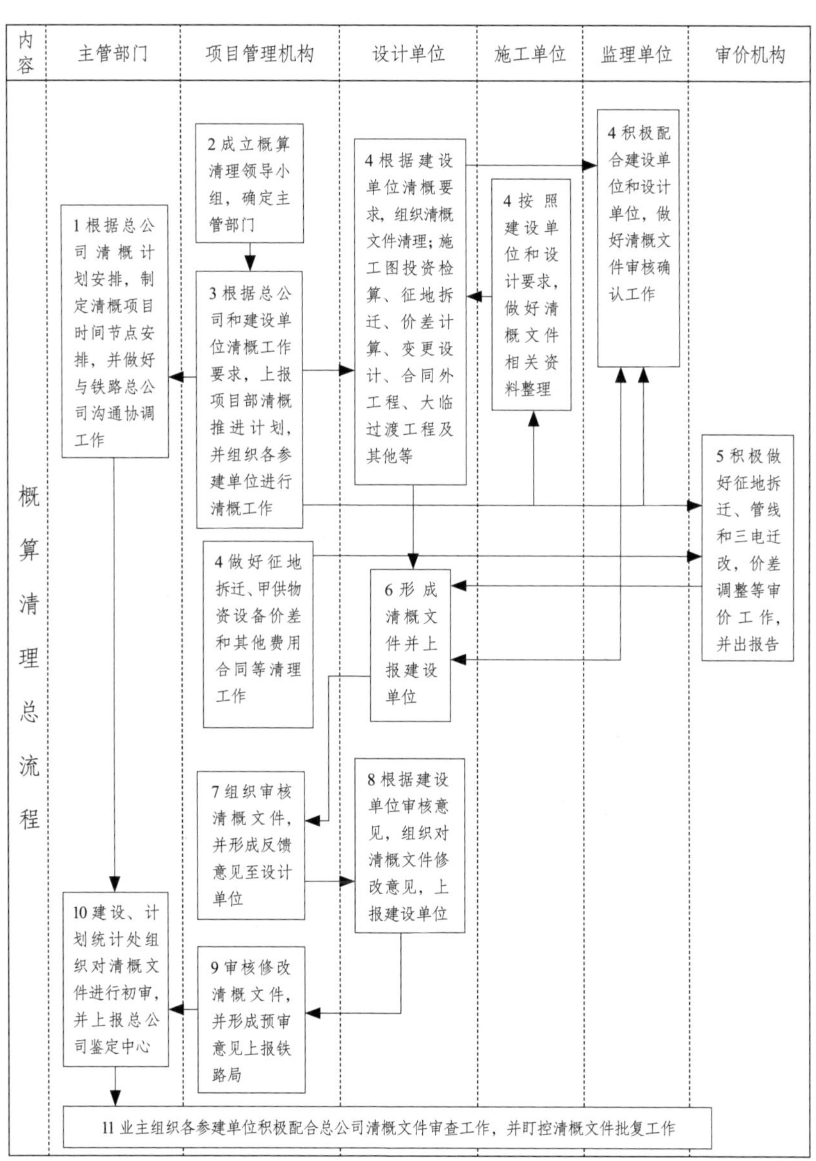


**图 12-1　概算清理总流程图**

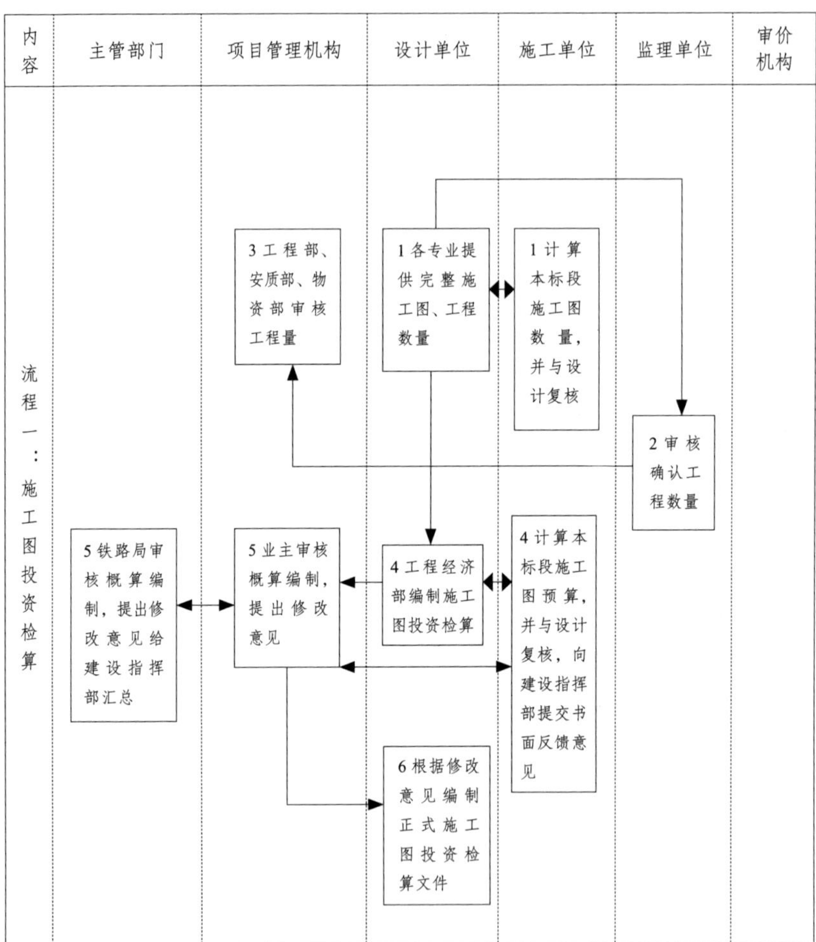


图 12-2　概算清理施工图投资检算流程图

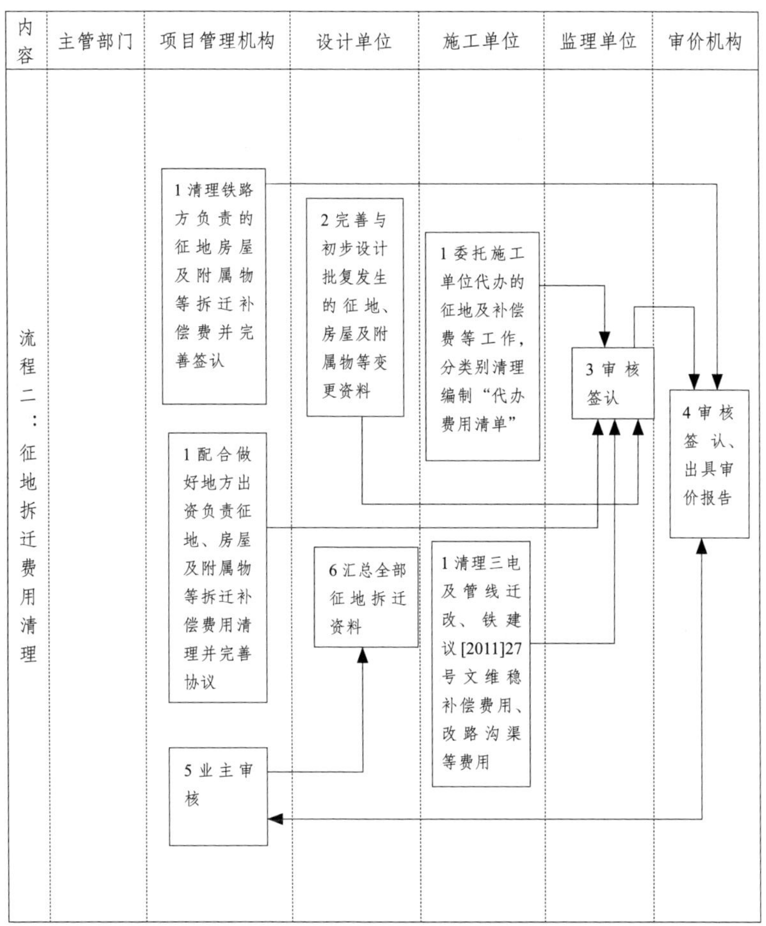


图 12-3　概算清理征地拆迁流程图

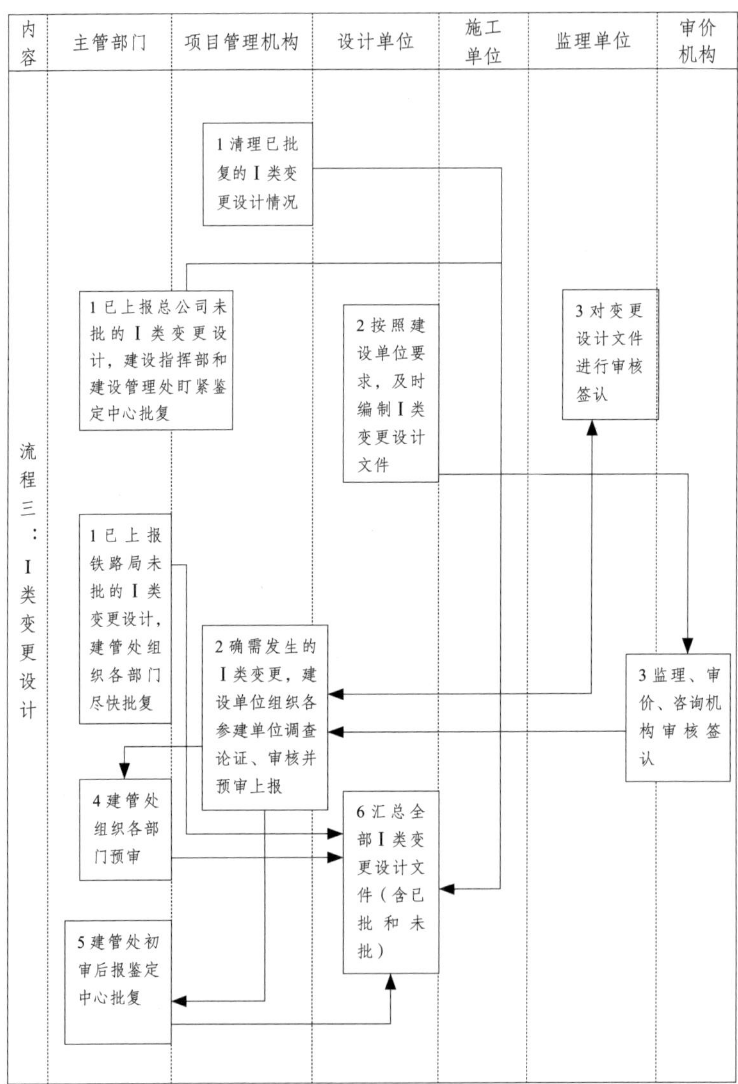


图 12-4　概算清理 I 类变更流程图

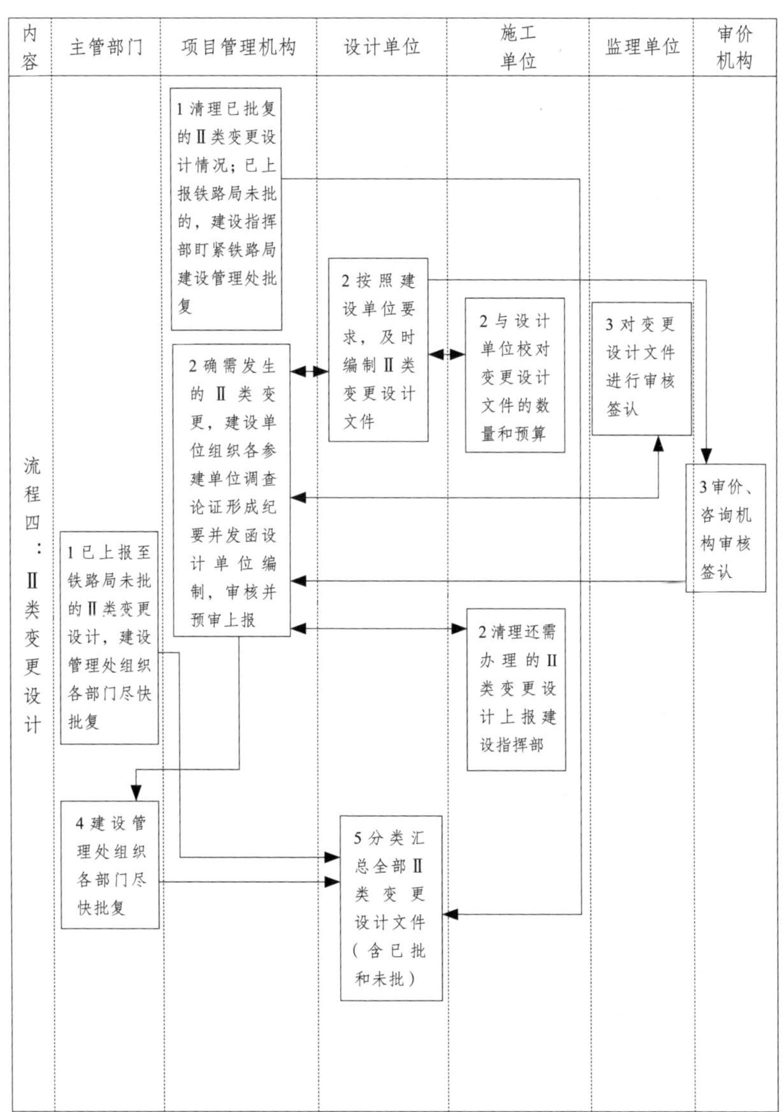


图 12-5　概算清理Ⅱ-a 类变更流程图

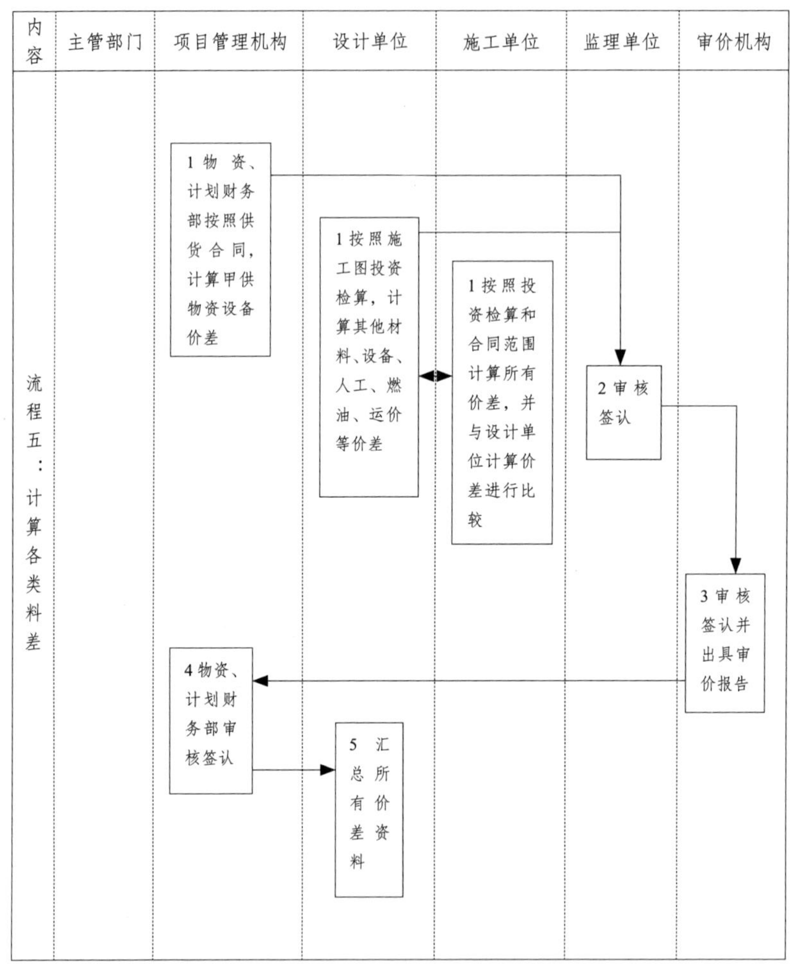


图 12-6　概算清理各项价差变更流程图

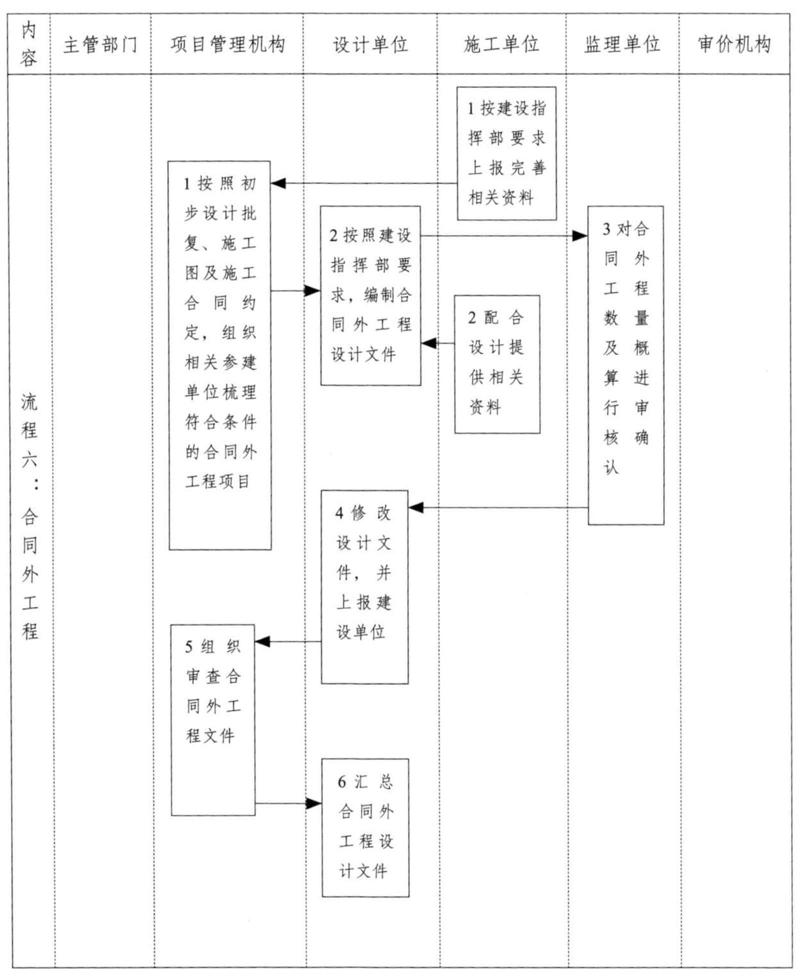


**图 12-7　概算清理合同外工程流程图**

| 内容 | 主管部门 | 项目管理机构 | 设计单位 | 施工单位 | 监理单位 | 审价机构 |
| --- | --- | --- | --- | --- | --- | --- |
| 流程七：清理咨询检测等其他费用 | | 1 计划财务部全面清理第一、十一章核备概算之外，签订的咨询、评估、检测和发生的规费等合同，并附所有支撑材料 → | 2 分类别汇总指挥部提交的咨询、检测等费用 | | | |

图 12-8 概算清理其他费流程图

| 内容 | 主管部门 | 项目管理机构 | 设计单位 | 施工单位 | 监理单位 | 审价机构 |
|---|---|---|---|---|---|---|
| 流程八：清理建设期贷款利息 | | 1 计划财务部根据项目建设周期，全面清理贷款利息 → | 2 汇总指挥部提交降造的建设期贷款利息资料 | | | |
| 流程九：清理有关问题说明费用 | | 2 计划财务部、工程、物资等部门根据项目实际施工情况，查缺补漏，全面清理可能漏项或费用不足及有关问题说明项目资料 → | 3 汇总指挥部提交降造的其他费用资料 | 1 根据建指要求，查缺补漏，全面清理可能漏项或费用不足等项目资料（→ 至项目管理机构 2） | | |

**图 12-9　概算清理流程图（一）**

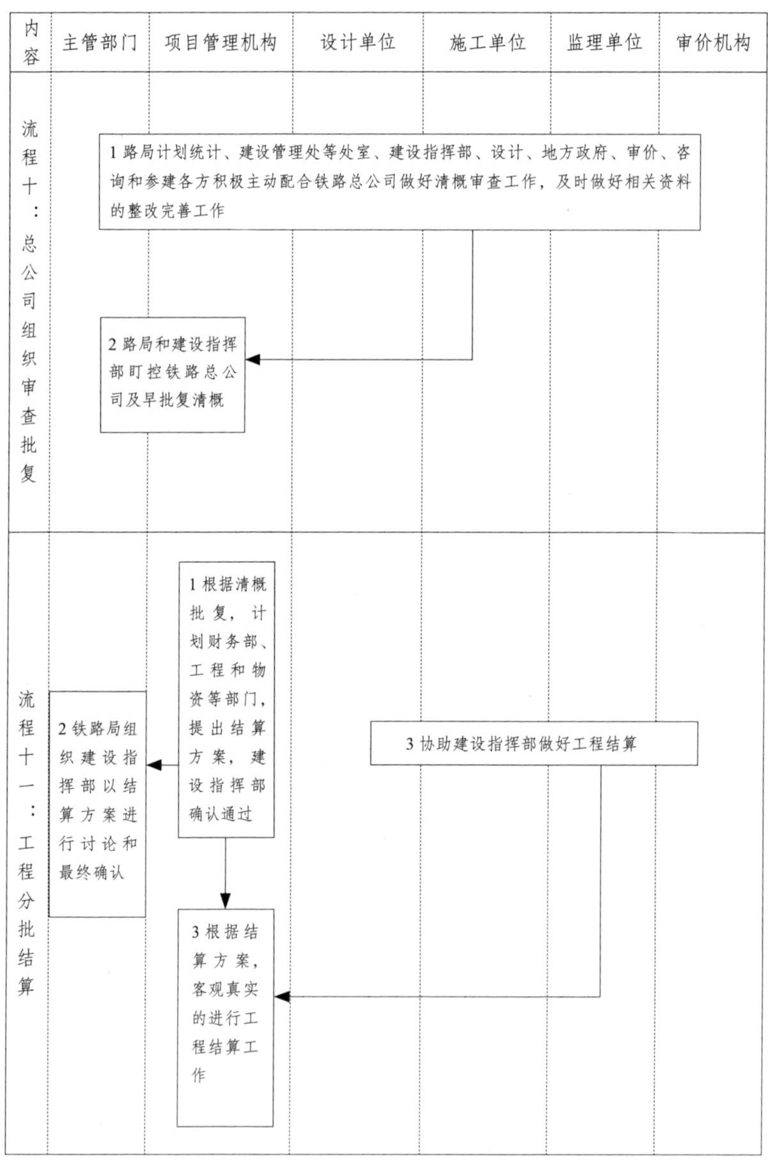


图 12-10 概算清理流程图（二）

分项附件，分大项（如征地拆迁、三电迁改、各项价差、变更设计等）作为概算清理文件的附件，分类编号，分册装订，各个项目的附件主要包括：编制说明、汇总表（有的汇总表如变更设计、过渡工程、合同外工程要求说明主要原因、主要内容和数量）、计算表、批文、政策文件、现场证明材料、业主的审批资料、审价报告等作为支撑附件。

## 4. 概算清理内容和方法

（1）施工图审核（投资检算）

施工图审核指建设单位收到勘察设计单位完成的施工图（含变更设计施工图）后，交付施工单位施工前，组织对施工图进行检查核对的活动。施工图预算审核是施工图审核的重要内容之一，施工图预算是概算清理的基础性工作，及时、准确地编制施工图预算，对施工图量差、价差调整等工作有着重要意义。

1）施工图预算编制原则

①施工图预算的编制原则、采用的定额及人工材料价格与初步设计批复原则一致。

②施工图预算的工程数量应与施工图纸工程量和工程量计量规则相符合，原则上是按照施工图工程量、补充施工图工程量及深化设计工程量编制，包括施工图、施工图设计说明文件和不涉及变更的设计联络单工程量，而不包括变更设计施工图及补充变更设计施工图工程量。

③施工图预算应按章节、初步设计批复的概算单元编制，并且各章节应基本平衡。

④施工图预算的静态投资应控制在初步设计概算的静态投资范围内，经原初步设计审查部门批复同意的设计调整引起的施工图量差及相应投资变化除外。

2）施工图量差的定义和原则

①定义：施工单位施工图量差应为施工图数量与招标工程量清单（即合同清单数量）之间产生的差值（以下简称施工图量差），是业主与施工单位结算的计价方式和依据。

②原则：施工图量差应严格按合同约定处理，初步设计招标项目一般合同

约定施工图量差纳入风险包干费处理；施工图招标项目一般在合同中对施工量差没有明确约定，但是，鉴定中心一般均视为在风险包干费中处理，不予批准调整施工图量差。

根据合同约定及鉴定中心对施工量差的处理惯例，对量差是实行“两头堵”的策略，即超过合同清单的正量差视为在风险包干费中处理，不予计量；小于合同清单的负量差则据实验工，不予计量。因此，对我们施工单位而言，施工图预算的原则就是不出量差，无论正负量差均要消化。

3）施工图预算准备工作

①收集整理工程数量。施工图预算工程量是以施工图数量为依据，不是正式施工图的数量不能纳入施工图预算。

②编制施工图预算和施工图量差。编制施工图预算时，除了严格按照初步设计的取费标准编制外，还要特别核查一下初步设计采用的定额（包括定额抽换）、施工组织方式等是否符合技术专业要求，如果不符合，则要修正并登记台账，并向业主和设计单位提出来修正。

4）施工图量差处理方法

①正量差处理方法

对于正量差，要想方设法将增加的投资项目剔出施工图预算，通过变更设计、合同外工程或征地拆迁等方式纳入概算清理。

②负量差处理方法

由于业主看到的量差实际上是设计单位施工图预算差值，所以负量差项目也要高度重视施工图审核工作，确保施工图预算的质量，尽可能将合适的项目及数量（如措施项目、合同外工程等）纳入施工图预算，最大限度消除负量差、负价差，避免扣减合同清单投资。

首先，增加工程措施项目及数量。其次，重新审视初步设计施工组织设计，修正初步设计漏列的工序费用和施组改变增加的费用。

5）施工图预算正式编制上报

①加强领导，细化组织，明确分工。主要明确工程数量和计划业务负责人，校对设计各专业编制的工程数量和预算的准确性，保持和设计各专业及业主单

位负责人的良好沟通，保证我们提出的问题能有效地解决，落实到设计单位编制的正式投资检算文件中。

②利用业主组织的施工图预算各专业协调会或总体推进会的机会，及时提出本标段存在的主要问题，趁业主和设计单位领导在场时予以答复。

③设计各专业沟通后无法解决的问题，要及时书面上报业主。待施工图预算初稿出来后，说服业主将我们的问题书面发函给设计单位进行修正。

（2）征地拆迁清理（含三电和管线迁改、三改工程）

征地拆迁涉及群众切身利益，也涉及相关企业、事业单位的集体利益，影响拆迁价格的因素十分复杂，因此费用确定的难度也非常大。涉及施工单位发生的征地拆迁费用，施工单位分册汇总后上报业主，业主审核后交审价单位审价后纳入概算清理报铁路总公司批复，主要如下：

1）建设单位委托施工企业代办征地拆迁工作。由施工单位整理上报建设单位汇总，交审价单位审核后报铁路总公司批复，或者按照合同约定包干使用。

2）由建设单位负责的红线内征地拆迁费用。与地方政府合资建设的铁路，该部分费用一般由地方政府承担，所有发生在红线内的征地拆迁费用全部归类至本册统计汇总上报。

3）由施工单位负责的临时用地和补偿费用

①临时用地，主要包括按取弃土场（弃碴场）（合同约定由业主负责的除外）、混凝土集中拌合站、梁场、轨枕场、铺轨基地、电力线路、便道及其他临时用地等。根据铁路总公司以前清理概算批复惯例，前五项是可以解决的，其他用地要灵活处理。

②依据铁总建设 [2015]197 号文《关于铁路建设实施阶段维护稳定工作的指导意见》，并参考铁建设 [2011]27 号文《关于切实做好铁路建设维护社会稳定有关工作的通知》（该文件已经作废，但是仍然有借鉴意义）规定发生的费用，分三部分汇总。

一是铁路建设造成施工房屋振动受损补偿（包括炮震炮损和震动损失）。

二是县级及以上道路补偿和修复费用。

三是居民农田、水利设施、水系损坏补偿或修复费用。

4）红线内清理建筑垃圾发生的费用。主要是红线内的房屋、水井、水泥晒坪、围墙、水池以及其他建筑物和构筑物，收集整理有关基础资料，完善签认后纳入概算清理上报批复。

5）改建或还建当地水塘发生的费用。主要是红线内或部分侵入红线的水塘，收集整理有关基础资料，完善签认后纳入概算清理上报批复。

6）其他与征地拆迁有关的费用。主要是三电迁改临时用地和青苗补偿，以及除上面项目以外的零星迁改、补偿等有关费用。

7）三电和管线迁改

按照现场实际调查五方签认确认工程数量和根据初步设计预算指标单价上报第三方审价单位审核，其中军缆、35kV及以上高压部分三电迁改以及地方产权单位其他特殊管线按实际发生金额计列。铁路总公司审批三电和管线迁改的基本原则为：产权单位为部队的军缆、建设单位直接签订的合同项目及新增立交、Ⅰ类变更设计和Ⅱ–a类变更设计引起的均认可。

8）改路、改沟、改河等三改工程

设计范围内的基本上已纳入施工图第三章桥涵工程，这里主要是由于地方要求增加的改河、改沟、改渠，按业主要求整理有关基础资料，经五方签认数量后交设计单位统一编制预算后纳入概算清理上报审批，一般都会给予批复。

9）地方配合费、补偿费

主要是工程施工影响地方产权部门造成的补偿费用。如水中墩施工航道管理部分的航道疏浚费用配合费等、与地方道路跨线交叉施工补偿地方道路改变结构样式增加的工程费用等，收集整理资料上报业主审核后批复。

（3）政策性调整清理

包括人工费差、甲供材料及设备、自购料、梁体高性能混凝土用砂石料、道碴、火工品、燃油、运价差、水电价差、安全生产费差等政策性调整（包括Ⅰ、Ⅱ–a类变更设计及合同外工程）。根据已于2015年4月5日执行的铁总物资[2015]116号文《铁路建设物资采购供应管理办法》规定，铁路建设物资分为甲供物资和自购物资两类，取消了甲控物资类别。

1）甲供物资设备价差调整

建设单位计财、工程和物资部，按照物资设备采购合同单价和实际供货数量、到货点验清单、发票清单提交设计单位，与初步设计核备概算单价和数量进行对比，完成甲供物资设备价差计算清理工作，并将所有供货合同和发票等作为价差计算的附件资料。需要注意四点：

①甲供物资设备调差金额是与初步设计进行计算和批复（原因是施工图量差不予调整），但是消耗数量是施工图预算加上变更设计（这里指调整合同额的Ⅰ、Ⅱ–a 类变更设计及合同外工程等，下同）消耗量进行对比，实耗量超出设计定额消耗量的要扣除施工单位工程价款，实耗量小于设计定额消耗量，要求分析节余原因，并会追查施工单位是不是存在偷工减料。

②甲供材料和设备价差计算首先是对照招标合同中规定的项目进行计算，其次是按照铁总物资 [2015]117 号文《铁路建设项目甲供物资目录》和铁总物资 [2015]116 号文《铁路建设物资采购供应管理办法》的要求执行。即：招标合同中纳入甲供管理的物资设备，文件目录规定中没有，可以按甲供上报调差；招标合同中没有纳入甲供管理，施工单位自行采购的，但是文件目录中有该项目，也可以按甲供上报调差。

③甲供物资设备运杂费调整。如果合同约定甲供物资设备供货地点为工地现场，但是实际供货地点为集中料库，自料库到施工现场的运杂费由业主分批给施工单位。

④施工图招标项目合同一般约定甲供物资设备不进入合同总价，但是注意节约，防止超耗扣款，特别像防水板等甲供材料，在计算总量时，应将松铺系数考虑进去。

2）自购材料价差调整（含以前甲控材料）

建设单位按时向设计提供验工计价资料，按照《关于铁路建设项目实施阶段材料价差调整的指导意见》（铁建设〔2009〕46 号）相关要求和合同约定，计算施工图、变更设计（调整合同总额变更设计）、合同外工程等材料价差。

①要根据物资价格趋势，运用超前或延缓计价策略，尽量增加材料调正差或减少材料调负差金额。辅助材料不计算材料差价，变更设计所涉及的材料争

取不纳入调负差范围。

②如果材料调负差，则要将纳入调差目录的负材差材料总量在合理范围内适当减少，同时，将台车、钢模板、钢板桩、钢轨桩、钢护筒、钢支撑等尽量不要纳入，以减少调负差的总额；反之，则纳入调差目录的正材差材料总量在合理范围内适当增加，同时，将台车、钢模板、钢板桩、钢轨桩、钢护筒、钢支撑等尽量纳入。

③实际使用的材料规格和品种与设计不一致时，应按实际采购材料来计算材差。

④水泥。铁路总公司文件发布的信息价为分省（区）的范围价格，2010 年 4 季度之前按品牌发布，2011 年 1 季度开始按范围发布，铁路总公司审批时一般取算术平均价进行批复。水泥价差计算时尽量采用信息价上限进行调差，实际施工混凝土采用低碱水泥或高抗水泥的，可通过积极沟通按实际情况调整，混凝土配合比（实际配合比、设计配合比）应采用对我们有利方式计算材差，部分使用商品混凝土的要注意其中的水泥含量在总量中扣除（调负差时）。

⑤混凝土外加剂、粉煤灰。经规院公布的季度信息价没有纳入混凝土外加剂、粉煤灰，与供应商签订合同时，要积极变通，在购货总额不变的情况下，适当减低使用量，提高购货价，尽量减少调负差总额。

⑥道碴价差调整。重点注意道碴施工期实购价，铁路总公司审查时优先采用铁路集团（局）发布的信息价，可能有的铁路集团（局）会发布既有线大修外购道碴信息价，如没有才采用施工单位实际外购合同出厂价。外购道碴合同一般是含运杂费的，汽车运杂费不调差，所以合同中最好分别注明出厂价和运杂费单价，并尽量把出厂价分配高一些。

⑦运价差。因非施工单位原因或施工组织设计调整造成火车运输距离改变增加的费用一般都认可，汽车运价差原则上不予调整。

⑧水电价差。原则上不予调整，但是还是依据国家发展改革委水电价格管理规定上报价差。特别是城区、环境保护区施工使用市政自来水施工的项目，及极度缺水地区远距离拉水施工的，要整理好资料上报，注意原因要写明初步设计阶段是如何考虑供水的，有可能批复。

⑨梁部高性能混凝土用砂石料要积极运作进行调差。

⑩特殊地区材料采购价远高于经规院公布的信息价，争取按实际采购价格调整。

3）其他调差

①安全生产费。2012 年 2 月 14 日（含）之后完成的建筑安装工程产值按 2% 补列安全生产费，铁路总公司只批复初步设计范围内的安全生产费补差，对Ⅰ、Ⅱ–a 类变更设计以及其他增加概算总额的建筑安装费产值都不予认可。建议上报时也要全部报上争取多批复。

② T 梁桥面系栏杆。有的项目初步设计编制时采用的通用定额与现行的定型图不匹配，简单说就是钢材消耗量不一致，这个涉及的有关项目重新检查一下初步设计概算定额的用钢消耗量是否与施工通用图用钢量一致，如不一致可以向业主和设计提出来单独纳入概算清理上报批复。

（4）预备费和降造费开支项目清理

1）变更设计清理

变更设计原则上要求先批准后执行，概算清理前，变更设计必须全部批复完成，个别没有完成的变更设计文件，必须在概算清理文件上报前完成审批。

①上报铁路总公司批复的Ⅰ类变更设计。原则上在铁总下发的概算清理销号项目通知中会明确要求完成该线全部Ⅰ类变更设计上报和批复的截止日期，并且该日期在正式概算清理文件上报之前。

②上报铁路集团（局）批复的Ⅱ类变更设计。要求同Ⅰ类变更设计。

③由建设指挥部负责审批的Ⅱ类变更设计。主要是风险包干费内的Ⅱ类变更设计，根据合同约定不增加概算，但建设单位应汇总相应费用总额，在概算清理文件中说明，供审查时参考；不属于包干费的Ⅱ类变更设计，纳入概算清理。

由于Ⅱ类变更设计是风险包干费内容，施工单位往往重视不够，要想概算清理批复理想，就应该多办理Ⅱ类变更设计，争取批复的Ⅱ类变更总额超出风险包干费范围，因为业主在概算清理时上报和分劈合同外工程费用时，这个通常是一个非常重要的参考指标，也就是超得多的单位就多报、多批。

2）岩溶整治

岩溶整治是鉴定中心审查时最敏感和最重视的一个项目，也是概算清理审批时核减最多的一个项目，所以务必高度重视，特别是要保证内业资料的完整性、真实性、逻辑性、原始性和清晰度，证据链条连续完整，符合理论原理，切记不能犯逻辑错误，因为审查时通常采用逆向思维来推理资料的逻辑，或者进行数理分析倒推原始数据的真实性，如果结论有违常理则会大幅核减。

3）合同外工程

①合同外工程项目编制方式。一种是施工单位将有关项目和工程数量上报业主审核，同意后交设计单位编制合同外工程设计文件，再交建设单位审核确认后纳入清概文件；另外一种是按Ⅱ–a类变更设计完成审批，再将符合条件的Ⅱ类变更上报业主和设计同意后纳入概算清理文件，业主批复的变更设计作为附件。

②合同外工程总体审批原则。一是全部工程都要按规范施工，超过规范和未经批准擅自提高标准的不批复；二是有和无的关系，初步设计“没有”的认可，初步设计“有”的不认可。

③合同外工程分类

A. 地方原因或地方要求增加，包括地方要求的涵洞孔径、长度、正斜交等的改变都要上报审批。由于地方桥梁限行，造成初步设计的便道改移或是绕行增加的倒运费，一般可以得到批复。

B. 安全原因引起，要注意与安全生产费开支的内容不能重复。

C. 运营及设备管理单位（工务段）要求增加工程。

D. 环境保护引起，特别是国家环评验收提出增加的工程都认可；地方环境保护涉及江河、重点风景名胜区、城镇等人口密集地区一般也认可。

E. 过渡工程，不包括第十章过渡工程，主要指施工图和变更设计增加的过渡工程。审查重点：

一是主要审查增加过渡工程的必要性和原因，即初步设计中施工组织设计是如何考虑的，施工图或变更设计为什么要调整方案或施组来增加。

二是工程费认可，不是工程费的不批复，主要涉及电缆、钢轨等不计列材料费，按折旧处理。

三是变更临时道口位置的看守费不计。

F. 标准变化引起，一般经铁路总公司批复的标准或施工期间规范变化引起的合同外工程都认可，铁路集团（局）、运营及设备管理单位、建指和设计擅自提高标准的一律不认可。

G. 未完工程预估费用，主要是初步设计没有，概算清理时还没有出施工图，但是根据建设推进情况又必须施工的工程项目。

④不可抗力引起的自然灾害费用

注意与合同风险包干费中的保险条款对照，风险包干费中含保险费，审查人员认为该项损失费用应向保险公司索赔，有时不批复。

⑤其他费用清理

对建设单位掌握使用的各项费用，按照实事求是的原则进行清理，如设备购置费、第三方质量检测费、地质灾害危险性评估费、地震安全性评估费、森林植被恢复费、建设单位管理费、设计费、监理费、施工图审查费、营业线施工配合费、水土保持费、审价咨询费、贷款利息等。这里涉及施工单位的费用主要有：

A. 第三方质量检测费。对照 113 号文规定上报业主纳入概算清理。

B. 营业线施工配合费。包括“三全防护”费用，按相关文件规定、经批准的施工方案、工程量和初步设计编制原则计列。

（5）风险包干费项目清理

主要是按合同规定清理风险包干费使用情况，目的是鉴定中心审查人员要查看全线及分标段的风险包干费使用情况，批复概算时作为一个参考，所以一定要把风险包干费全部使用完并体现超支。

根据合同，风险包干费使用项目范围为：包干费内的Ⅱ类变更设计（注意剔除风险包干费外纳入概算清理的变更设计，不得重复计算）、保险费、施工单位承担的 5% 自购材料差、地材价差、非不可抗力造成的自然灾害损失及采取的预防措施费用和建设工期重大调整以外的施工组织设计调整工期造成的损失和增加的措施费。

（6）有关问题说明

一是向业主、设计和铁路总公司表明，我们由于非施工单位自身原因发生了庞大的合同外费用支出，成本压力大，在批复其他费用时有一个心理暗示，审批过程中核减某些费用时手下留情。

二是列入本项的费用并不是完全没有希望，因为概算清理审批本来没有一个统一的规范，有的项目设计、业主不同意，不见得鉴定中心主审人员不同意，特别是概算宽裕的项目，在审查过程中极有可能进行调整。

（7）预备费和降造费的概念

1）预备费。本项费用以第一～第十一章费用总额为基数，初步设计概算按5%计列，施工图预算、投资检算按3%计列[根据铁建设（2006）113号文3.14.2规定]。基本预备费主要用途：

一是在进行设计和施工过程中，在批准的设计范围内，必须增加的工程和按规定需要增加的费用。本项费用不含Ⅰ类变更设计增加的费用。

二是在建设过程中，未投保工程遭受一般自然灾害所造成的损失和为预防自然灾害所采取的措施费用，及为了规避风险而投保全部或部分工程的建筑、安装工程一切险和第三者责任险的费用。

三是验收委员会（或小组）为鉴定工程质量，必须开挖和修复隐蔽工程的费用。

四是由于设计变更所引起的废弃工程，但不包括施工质量不符合设计要求而造成的返工费用和废弃工程。

五是征地、拆迁价差。

由此可见，基本预备费在已批复的初步设计概算中是一个定数，待施工单位招标完成后，施工单位合同清单中的风险包干费在预备费中开支，剩余的金额即可解决除征地拆迁、政策性调整（各项价差）和Ⅰ类变更设计之外的费用。

2）降造费。招标降造费指按国家和铁路总公司有关规定由建设单位和中标单位双方在施工或设备材料采购合同中约定的合同额与批准的设计概算相应部分的差额。招标降造费属于建设项目工程款，必须在批准的建设项目设计范围内使用，用于调剂工程项目费用不足或缺口部分。主要用于补充基本预备费和工程造价增涨预留、经部批准的有关工程费用、支付合理的施工索赔费用、未纳入工程合同的风险包干费、经部批准允许支出的其他费用。

3）除铁路总公司明文规定使用降造费的项目外，其他实施过程中需要增加的费用一律先使用预备费，在预备费不足的情况下使用降造费。按照有关规定及合同约定由项目建设单位负责的材料价差调整，以及按照国家和省级地方政府有关规定增加的征地拆迁等费用，履行审批手续后可以使用招标降造费解决。

4）在工程竣工末次清理概算时，剩余的招标降造费及预备费要全部冲减总概算。所以要充分了解业主手里掌握的全线降造费、预备费总额及使用情况，与业主建立良好关系，是有可能把没有解决的遗留费用差额通过降造费或预备费解决。

### 5. 概算清理需要注意的问题

（1）超前谋划，明确分工

1）凡事预则立，不预则废

2）变更索赔补差过程为定性、定量和定价的过程。

3）概算清理工作要统一思想和口径，由集团（局）指挥部统一组织和协调，明确分工，专人负责对外协调沟通。

（2）资料齐全，“实事求是”

1）这里讲的“实事求是”是按现行的政策文件标准、设计原则、管理体制等对外变更索赔的规则编制上报数据，上报的每一个数据都要有基础资料支撑。

2）夯实内业资料，建立健全概算清理分项总台账。

（3）加强沟通，良性互动

1）概算清理文件编制的主要业务分工及立场

铁路集团（局）：负责统筹，投资检算和概算清理初稿出来后针对一些重大关切的问题，主管人员会出面参与协调沟通并确定处理方案和方法。

建指：概算清理的责任主体，负责领导组织、按时间节点推进进度、审核、协调解决各方提出的问题、落实铁路总公司和铁路集团（局）的要求。同时要完成本级直接开支的材料、设备、检测、其他费等费用开支的概算清理。对符合规定非建设管理引起增加投资纳入概算清理持支持态度，但涉及建设管理、建设方案不当、组织有误、铁路集团（局）及下属运营设备管理单位提出不合规范标准增加的工程造成增加的投资纳入概算清理持排斥态度。

设计单位：是全过程投资控制的基础，概算清理文件编制的责任主体（个别项目由建指完成），各专册对本专业投资检算和概算清理内容的真实性、准确性、原则性负责。设计单位对概算清理文件编制的内容和原则的专业性最强，但是编制普遍偏保守，是施工单位概算清理上报最难跨过去的坎，特别是由于各专业在初步设计阶段未达到设计规范要求的深度造成施工图或变更设计阶段增加的投资一般都不同意上报，总之只要涉及设计单位自身工作原因引起的投资增加都很难得到上报。

施工单位：负责提交本标段概算清理项目、数量和预算以及有关支撑证明材料等基础资料，复核设计单位投资检算和概算清理，提出存在问题，配合设计和业主完成概算清理的基础业务工作。

监理单位：负责复核施工单位提出的数量和预算，并配合完成基础资料的签认工作。

审价单位：负责依法合规并执行业主意图审定性质、数量和金额，并提交独立的审价报告作为概算清理文件的附件。审价单位如果审核立场偏激对施工单位不利，可以说服业主协调处理。有时侯业主由于投资控制需要也会单独约谈审价单位，要求从严把关，甚至干预审价原则。

咨询单位：提供独立咨询意见，主要是设计单位编制的变更设计、材料价差、投资检算等提供咨询意见，主要是对编制原则、方法、依据等提出意见和建议。

2）概算清理编制过程中的协调沟通机制

凡是涉及个人甚至单位的责任问题，解决难度都较大，施工单位又没有正规向铁路总公司直接汇报的渠道，所以首先选择变通处理并与设计有关专业进行私下对接，否则，再利用概算清理期间各种会议向业主和设计提出存在的具体问题，还解决不了就必须书面上报业主督促设计解决，重大问题还需向工程公司、集团公司汇报请求帮助协调解决。

为把握业主和设计概算清理的最新思路、方案和处理问题的方法的时机，一方面除要与设计和业主保持良好的关系外，另一方面自投资检算开始就安排专人常驻设计院，及时掌握设计和业主核心专业人员的动向，发现他们有集中召开碰头会时可以进去听一听，为本标段概算清理推进和决策收集第一手信息。

3）与设计和业主保持良好的人际关系互动

（4）锲而不舍，把握尺度

概算清理是一个专业性很强的工作，同时也是一门艺术，它没有统一法定的规章、规范和标准可循，所以从上报到审批很大程度上都受到主观意识的影响，也就是绕不开人的因素，而最掌握主审人员思路的一般是业主分管负责人，所以概算清理一定要充分考虑业主分管负责人的意见和建议，如果只是变通处理而不违背大原则的情况下积极跟随业主单位的统一思想和安排。

（5）加强学习，掌握政策

要认真学习研究合同文件、国家相关部委及铁路总公司文件、规范和地方相关政策等，做到吃透政策，掌握政策，用好政策。

# 施工项目索赔工作要点

索赔包括合理顺延施工时间的工期索赔，及要求合理补偿不应该由承包商承担的经济损失、额外开支等经济索赔，施工过程中可利用项目合同条款，以及相关法律、法规，向发包人申报合理的工期和经济补偿，主要内容整理如下：

## 1. 业主的行为潜在索赔理由（附支持性文件）

（1）业主提供招标文件存在的错误、漏项或与实际不符，造成中标施工后突破原标价或合同总包价造成的经济损失。如①投标量与施工图量对比存在量差；②混凝土标号和标准提高；③工程项目特征发生变化。④上述以外的“差、误、漏、碰”等。

（2）业主未按合同规定交付施工场地，未在合同规定的期限内办理土地征用、青苗树木补偿、房屋拆迁、清除地面、架空和地下障碍等工作。导致施工场地不具备或不完全具备施工条件的经济损失。

（3）业主未按合同规定将施工用水、用电从施工场地外部接至约定地点，或虽接至约定地点但没有保证施工期间的需要造成的经济损失。

（4）业主未及时办理施工所需各种证件、批文和临时用地、占道及铁路专用线的申报批准手续而影响施工造成的经济损失。

（5）业主未及时将水准点与坐标控制点以书面形式交给承包商造成的经济损失。

（6）业主未及时组织有关单位和承包商进行图纸会审，未及时向承包商进行设计交底造成的经济损失。

（7）业主拖延承担合同规定的责任，如拖延图纸的批准、拖延隐蔽工程的验收、拖延对承包商所提问题进行答复等，造成施工延误的经济损失。

（8）业主未按合同规定的时间和数量支付工程款的经济损失。

（9）业主要求赶工而增加费用，如劳动力资源、周转材料、机械设备的增加以及各工种交叉干扰增大工作量等额外增加的费用。

（10）业主提前占用部分永久工程。

（11）因业主中途变更建设计划，如工程停建、缓建造成施工力量大运迁、构件物质积压倒运、人员机械窝工、合同工期延长、工程维护保管和现场值勤警卫工作增加、临建设施和用料摊销量加大等造成的经济损失。

（12）业主代表发出的指令、通知有误造成的经济损失。

（13）业主代表对承包商的施工组织进行不合理干预。

（14）业主代表对工程苛刻检查、对同一部位的反复检查、使用与合同规定不符的检查标准进行检查、过分频繁地检查、故意不及时检查。

### 2. 设计变更潜在索赔理由

（1）因设计漏项或变更而造成人力、物资和资金的损失以及停工待图、工期延误、返修加固、物资积压以及连带发生的其他损失；

（2）因设计提供的工程地质勘探报告与实际不符而影响施工所造成的损失；

（3）按图施工后发现设计错误或缺陷，经业主同意采取补救措施进行技术处理所增加的额外费用；

（4）设计驻工地代表在现场临时决定，但无正式书面手续的某些材料代用，集团（局）部修改或其他有关工程的随机处理事宜所增加的额外费用；

（5）新型、特种材料和新型特种结构的试制、试验所增加的费用（试验桩）。

### 3. 合同文件的缺陷潜在的索赔理由

（1）合同条款规定用语含糊、不够准确及合同条款存在着漏洞，对实际可能发生的情况未作预料和规定，缺少某些必不可少的条款；

（2）合同条款之间存在矛盾；

（3）双方的某些条款中隐含着较大风险，对单方面要求过于苛刻，约束不平衡，甚至发现某些条文是一种圈套。

### 4. 施工条件与方法的变化潜在索赔理由

（1）因场地狭窄以致场内运输运距增加所发生的超运距费用；

（2）因在特殊环境中或恶劣条件下施工发生的降效损失和增加的安全防护、劳动保健等费用；

（3）在执行经甲方批准的施工组织设计和进度计划时，因实际情况发生变化而引起施工方法的变化所增加的费用。

### 5. 国家政策法规的变更潜在索赔理由

（1）每年度由国家各部委、地方政府发布的人工、材料和燃油料调整费用通知；

（2）国家调整关于建设银行贷款利率的规定（如计量不到位和人工、材料和油料调整不到位施工单位增加贷款率）；

（3）国家有关部门关于在工程中推广新设备、新技术的规定；

（4）收集定额勘误和补充定额，每年各部委、地方定额管理单位均有定额勘误和补充定额发布通知；

（5）国家环保要求和雾霾治理，国际会议、公益活动、领导人访问等行政性强制停工的索赔。

### 6. 不可抗力事件潜在索赔理由

（1）因自然灾害引起的损失；

（2）因物价大幅度上涨，造成材料价格、工人工资大幅度上涨而增加的费用。

### 7. 不可预见因素的发生潜在索赔理由

（1）因施工中发现文物、古董、古建筑基础和结构、化石、钱币等有考古、地质研究价值的物品所发生的保护等费用；

（2）异常恶劣气候条件造成已完工程损坏或质量达不到合格标准时的处置费、重新施工费。

### 8. 分包商违约潜在索赔理由

（1）甲方指定的分包商出现工程质量不合格、工程进度延误等违约情况；

（2）分包商在同一施工现场交叉干扰引起工效降低所发生的额外支出。

借助地方政府、相关主管部门、产权部门、当地人民群众的需要来探寻变更索赔的理由或突破口。例如：为防止暗挖施工对地表房屋造成的震动，可进行专项施工设计；为防止施工降水造成的地面沉降或开裂，可采取增加围护结构防水设施的施工方案；借助地方政府环保部门的力量改变渣土消纳场地，增加土方运距进行渣土弃运价格调整；利用管线产权部门的迁改要求进行施工方案变更等。这样一方面满足了地方政府的需要、构建了和谐的外部环境，另一方面也是保护企业利益、增加企业效益的有效途径。

## 收尾项目结算与回款工作要点

针对基础设施项目“业主强势，合同苛刻，周期较长，不确定因素大”等特点，再加上部分项目受上级机构的“夹层管理”，给结算协调工作带来一定影响，所以，结算工作要始终树立“开工即结算”和“结算似营销”的理念，要求：

（1）开工要研究合同和计量规则，技术规范，学懂弄通计量结算程序和流程。

（2）开工要进行结算工作策划，包括基础资料的过程收集和签证整理等。

（3）协调好结算过程中的关系，与业主委婉沟通，据理力争。

（4）过程结算要在合同基础上突破，争取超计量，超付款（比例），早收款。

（5）注意变更创效和计量结算的结合，争取早进图，早入概，避免交叉影响。

（6）关注上级机构指挥部的概算分劈，价格平衡，对外使力，降点争取等工作。

（7）保持收尾项目结算人员的相对稳定，确保对内对外结算工作的衔接和延续。

（8）层层落实结算责任，签订结算考核责任状，确保项目“结算率”和“结算利润率”双达标。

# 商务成本

Business and
Cost Management of
Construction Enterprises

## 第五篇

## 项目创效实战案例

# 13 实践

## 项目创效管理案例

案例的价值有助于把先进的管理理念落实到具体实践中，成功的案例可开拓思路，失败案例能总结教训，促进企业管理者进行思考与探索，寻找更优的管理方法，从而提升业务管理能力。本案例介绍中国建筑五局某某项目的综合管理及创效方法，他们的综合精细化管理经验值得借鉴。

# 项目综合管理创效案例

## 1. 项目基本情况综述

（1）本项目为河道及道路快速化改造综合治理工程，单侧长度约 5.2km，道路主线单向双车道，项目包含 1 座 514.12m 连续等截面预应力混凝土及钢箱梁匝道高架桥、4 座下穿通道、5 座箱涵、3 座过水箱涵，以及雨水、污水、电力排管、防汛及河道综合治理工程，合同额约 4.8 亿元，合同工期 180 天。项目标前测算综合利润率水平为 4.2%。

（2）公司核定项目上缴责任利润率为 6%（含创效目标 3%）。项目初期面临巨大的工期压力、履约压力、成本压力和创效压力。

## 2. 项目部商务管控体系建设

（1）项目商务管理工作的定位和职责

1）项目部根据公司“商务策划书”进行指标量化和职责分解，制定《项目部实施计划》，确保项目“生命周期”的成本可控和责任利润的实现。

2）落实集团（局）和公司商务线条各项管理制度，建立和规范各类业务报表台账。

3）积极开展创效活动和方案优化等，确保各项量化指标完成以及实现责任利润的提升。

4）定期或不定期地开展成本分析，结合考核兑现的办法，推进和把控项目经济运行状况，对成本管理和指标管控做到“心中有数”。

（2）项目部需要建立的商务管控体系和制度

根据项目《商务策划书》和《项目部实施计划书》，为了完善项目成本和各类指标管控的落实到位，提高项目执行力水平，项目部配套制定和出台相关商务管控的体系和机制办法，主要内容：

1）制定《项目部商务管理实施细则》

明确组织结构，明确责任分工，明确工作职责，明确项目体系建设的各个环节及环节之间的衔接配合关系，明确项目制度建设和各自之间的关系［如月

（季）成本分析和考评制度、职工薪酬与成本管控挂钩考核制度、分包劳务管理实施细则等]。

2）制定《月（季）成本分析考核制度》

明确成本分析的主体、工作方案、节点要求、部门配合、表格设置、逻辑关系、工作流程，汇总分析，节超比较、会议评审、考核评比、挂钩奖罚等内容。

3）制定《职工薪酬与绩效挂钩制度》

在现有职工薪酬体系的基础上，建立薪酬与绩效挂钩的机制，以工区为单位，进行考核评比（包括成本控制考核比例、安全文明施工比例、工期进度考核比例等），调动职工积极性去监督成本控制，实现“人人管成本”的氛围。

4）制定《分包队伍管理规范》

按照集团（局）《分包队伍管理手册》，完善项目对分包队伍的管理。

### 3. 合同风险

根据本项目的合同条款及现场实际情况，主要风险点如下：

（1）工期成本风险

项目工期紧、任务重，180天工期，中间跨越2个多月的雨季和涨水汛期，同时，受产权单位管线路改移和征地拆迁等不确定因素影响，市郊施工存在老百姓阻工的风险，以及项目点多面广，分包队伍的突击能力、资源整合的实力情况，项目施工全面开工的管控难度等，这些不确定因素都会对工期造成威胁。

（2）安全风险

主要安全风险来自河道汛期施工风险、下穿道路桥梁等风险，管线路干扰风险，穿越桥墩施工风险和基坑开挖支护风险，以及不可忽视的市郊施工的交通安全风险等。

（3）工程量清单风险

编制依据应掌握《建设工程工程量清单计价规范》；项目措施报价包括了施工技术措施和施工组织措施；工程量差异的调整，主要为当前招标图数量和清单数量的比较，分析结果上报招标人要求澄清的；工程量的差异，也是标前不平衡报价策略选择的依据之一；注意招标文件中关于工程量清单错误修正的条款，缺漏项目在实际施工中可以走新增项目重新组价。

（4）价格调差风险

价格调差的依据应掌握（人工单价变化的调整参考省级行业建设主管部门发布的人工费调整规定等；材料及工程设备价格变化的调整按照发包人提供的基准价格，按风险范围规定执行）。合同中约定调差的材料范围、比例和调差周期，应及时完善调差资料。

（5）资金压力风险

合同谈判时应注意付款周期的约定，付款比例的约定，对工程资金周转的影响；在向业主报月度施工计划时，根据项目部现有配备的资源合理进行安排，避免由于施工计划不合理导致当月计划无法完成，从而影响计量和业主拒绝付款；主要队伍招标时付款比例尽量按照与业主签订主合同付款比例约定。

## 4. 项目变更创效要点

（1）管段起点匝道路基填方变桥梁的方案变更，与设计院沟通，一方面从方案比选（填方沉降、工艺、安全、工期等）的角度做文章，另一方面从经济比选的角度做文章，做到“有利则变，无利不变”。

（2）河道内清理弃方的数量和比例，一方面做足、做大盈利分项的比例（如淤泥比例等）和数量（厚度），另一方面在实际施工中调结构比例。

（3）地下水和设计水位的研判，通过河道地下水和水量的大小，针对保障施工的井点降水布置、密度、方式、结合注浆等工艺，进行降水方面的创效工作。

（4）从河道内污水的水质出发，考虑是否具有腐蚀性和冬季结冰等对混凝土的影响，建议增加防腐蚀方面的创效变更。

（5）针对主体混凝土盈亏分析的结果，争取对盈利项目工程量做大改变其参数，包括厚度增加、强度等级增加、水中施工工艺增加、损耗增加等，反之，如果不盈利，则不予增加。

（6）针对雨季和汛期的安全增加防护措施变更，从安全防护角度去加强方案变更创效。同时参考招标文件不可抗力因素的影响，增加措施费用收入。

（7）重点部位明挖U形槽的开挖及支护，从安全的角度加强支护方案，可考虑围护桩支护、钢围图支护、钢管桩、防滑桩、锚索等方案。

（8）基地回填和道路基底加固，根据地质情况（淤泥软基）和道路荷载情况，防止道路塌陷和下沉，加强基地加固，可以从基底换填料材质、基底旋喷桩加固、基底混凝土厚度防护等入手。

（9）管段终点处通过下穿高速公路桥墩的一系列安全防护方案变更。

（10）河流改道、交通疏导、管线改移配套的安全防护方案变更，例如交通疏解与原设计方案对比，结合地方交管部门意见、居民诉求等，进行策划。管线改移和保护的“吊装支撑，封闭防护、排架防护、交通疏解”等。

（11）风险源通过方案变更，一方面分析制定风险源通过保险方案，确保安全风险控制，另一方面通过风险源做好创效筹划（借助专家评审结果及影响力）。

（12）本工程地处市郊，环保要求较高，一方面项目部要遵守环保要求，避免信誉和经济损失，另一方面项目部要从环保入手，以环保要求为由做变更创效工作。

（13）注重保险和索赔，对非我方原因造成的停窝工和损失，积极按照文件和合同条款，进行索赔，同时，积极投保，积极索赔，弥补损失。

（14）搜集地方政府“防尘治理”“防霾措施”等文件，索要增加防尘治理费用和窝工补偿。

（15）要借助地方政府、村民和环境保护要求，积极运作新增工程。

## 5. 项目管理思路与做法

针对本项目“工期紧、任务重、单价低”的特点，项目班子立足实际，在集团（局）和分公司的指导帮扶下，化压力为动力，提出项目“降本增效”的基本思路：“快速施工、高效履约、创效前置、增盈减亏”。

（1）标前测算，分析盈亏，创效前置指导项目前期降本增效工作。

本项目清单单价较低，标前测算综合收益仅为4.20%，项目部前期积极与投标报价人员对接，结合现场实际和市场调查结果，通过量差比较、盈亏项目分析、不平衡报价、邀请专家指导等方式，预埋创效伏笔，提高投标报价质量等。

如：在标前分析和工程量比较的基础上，结合现场施工难度大、干扰较多、材料供应价格高等项目进行清理，做好项目的不平衡报价。

1）考虑施工图要增加的项目，报价调高，要减少的数量，报价调低。根据指标要求，工程量对比量差部分尽快报招标方答疑修正，以保证清单量不减少。

2）价差比较后价格分析，考虑盈利项目要做足做大工程量的报价要调高，考虑亏损项目要减少或取消的，报价要调低。

3）施工难度大的、施工干扰大的预计要在出图前修改施工工艺的，报价适当要调低。

4）通过清理存在漏项的，原则上先不提出，在总价确定且中标后，再以漏项项目提出，既可新增项目组价和创效，又不占项目总报价。

5）对于存在虚量可能或施工中可以预留余地的工程项目，报价要适度调高。

6）投标报价中对所选材料、机械设备组成，尽量套用企业现有机具或周转材料及标准高的定额组价，实际施工中可以利用已有资源，节约成本。

7）包干措施费报价，对不可能发生或发生少的，适当报价调低；将来必须要发生的，要考虑充足，适当报价调高。同时，在劳务招标阶段，收集分析同标段单位的劳务单价水平，综合控制劳务招标的合理单价水平，有效确保项目利润水平。

（2）合理筹划，快速施工，高效履约带动“降本增效”工作的开展。

180 天完成近 5.7 亿元产值，面对工期履约压力和施工组织压力，项目部深刻理解“工期决定成本”的道理，本着“舍我其谁，开工即赶工”的理念，主动出击，在投标阶段同步开展项目进场和劳务招标工作，工期倒排，资源配置，统筹规划，在中标后三天内完成各种资源的进场和开工准备，快速开展施工。项目根据“战线长，点多面广”的特点，合理划分工区及任务，全面开工，多而不乱，有序推进，通过开展各工区的劳动竞赛活动，确保在业主活动中名列第一，有效化解项目工期压力和履约风险。同时，业主、监理对项目部施工能力和合同履约给予了极大认可，对项目“蓝图深化”和“方案优化”等工作也比较支持，有效推动了项目的变更创效工作。

（3）跟踪设计、完善地勘，深化“进蓝图”工作扎实有效。

根据基础设施项目“招标图不完善，过程变更设计难度大”等特点，项目部将变更创效的重点集中在“设计跟踪，完善地勘和概算修编”的阶段，通过工作前置来实现项目“降本增效”的目的，同时，集团（局）及时派人指导项目投标及降本增效工作，为项目打开了工作思路。通过与设计院进行方案优化的沟通、地勘资料的完善、设计概算的掌握等细致工作，大部分的变更设计方案和意图，转化为工程项目和数量，在施工图中予以确定。

（4）理由充分，程序合理，通过完善资料有效规避各类风险。

当前市场环境下，“合理合法”的降本增效，既确保项目利润提高，又要维护各方利益，项目部在变更策划和实施阶段，始终围绕“安全、质量、工期、地质、环保、民生”等做变更，理由客观充分，内容合情合理，极大地增加了批复的通过率。

1）根据地质情况，结合防洪、管线防护、深度防塌陷等，为了基坑安全起见，适时加强基坑钢板桩的防护，进而增加了钢板桩项目数量（钢板桩按三方签认数量计价，因此，加大钢板桩数量予以创效）。

2）根据河道汛期水流较大，冲刷两岸河堤，级配碎石垫层质量无法保障的理由，将下穿通道、河堤挡墙的垫层做法均由300厚级配碎石+100厚C15混凝土垫层变更为600厚C15片石混凝土垫层（片石混凝土易于施工，且单价利润较高，拆除的原片石可以重复利用）；项目部高填方改桥，也是以项目工期十分紧张，高填方路堤沉降时间不足，无法保证路堤质量及安全为由，成功将高填方（亏损项）转化为匝道桥（盈利项）。

3）由于前期甲方征拆慢，影响工期的实际情况，项目提出钢箱梁较预应力混凝土箱梁在保证工期方面更有优势的理由，与甲方和设计院沟通，增加钢箱梁工程量，减少预应力混凝土箱梁，以达到降本增效的目的。

4）根据河道地质情况，以原状地基承载力不足需进行地基加固处理才能达到设计承载力要求为由，加强地基处理，采用高压旋喷桩处理，设计进图纸，变更前置创效。

5）以满足城市及周边居民环保要求，配置洒水车、洗车槽等，避免扬尘和污染，并积极向业主进行费用申请。

6）项目与当地企业联动，由当地企业以征地拆迁和占用场地为由，向政府发函增加两条进出场混凝土道路，并作为新增工程纳入项目部施工范围，在增加项目投资的同时，也增加了部分利润。同时，针对项目弃碴外运事宜，利用民生诉求，通过项目部、运输队与地方村委三方协商，择地而弃，让利于民，既减少我方运距节约成本，又解决了当地百姓阻工堵路的难题。

（5）签证及时，细节掌控，内控外创工作结合效果显著。

项目部根据创效策划和部门职责，明确责任，细化分工，对变更创效、索赔调差、会议纪要、监理日记、政府文件、影像资料等，进行分类分部门对接和收集，并做到及时签证，特别是对收入和成本存在差异的项目，签证要求更加快速和资料完整；对内外计量工作区别对待，如钢板桩数量的确认，旋喷桩由片石混凝土替代的计量资料闭环完善等，通过对外变更创效和对内的成本管控，确保项目利润的完整性和合理性。

## 6. 预控措施

（1）分阶段消化创效基础资料的完善

市政项目均要经过第三方审计及当地政府审计，要规范业务合理防范审计和经营风险。要在施工过程中同步消化相关变更索赔工作，不搞一揽子处理，提前规避各种风险。

（2）相互对应，闭合成环，要确保四个业务对应：

1）施工日志与监理日志、现场监理签认资料、会议记录等对应；

2）工程量与检查证、技术交底、测量试验资料对应；

3）应耗材料量与收发料、点验单、财务账套对应；

4）现金流与合同、协议、计价单、票据对应。

尤其是要做好有关涉及征地拆迁、管线迁改、材料补差、基底加固等项目的对应，确保相关业务资料闭合成环。

（3）项目安全质量管理

主要预控项目在施工过程中，安全质量方面的相关资料要完整；使用各类材料规格与设计要一致；材料检验资料要齐全；耗用的材料数量要符合设计要求。

（4）项目工程价款结算

主要预控项目在施工过程中，工程价款结算多计或少计形成偏差的对应资料要完整；涉及虚量结算的工程数量与劳务队结算工程数量要一致；劳务计价单名称与劳务合同名称要一致，计价单后附件依据要完整（必须附已完工程数量表、计量表），对应结算资料相关人员的签字手续要齐全。

（5）项目劳务使用管理

主要预控项目的施工队法人委托人，不能办理非合同计价结算付款之外的结算付款；劳务队提供的劳务人员工资表人员数量和结算金额要真实；核实后的劳务人员工资要实行定期银行代发制度，发放的劳务人员工资要确保如实到手。

（6）项目会计核算

主要预控项目财务列账的各种发票要真实；自制列账的结算票据资料要完整；列账的各种票据审批签字手续要齐全；会计核算过程要合法；涉及外部审计检查及后期会计档案移交的账、证、表等资料要齐全。

（7）项目涉税

主要预控项目要依照国家税法规定如实代扣代缴个人所得税和地材资源税（或提供完税证明）；要按经济合同金额及时交纳印花税；列账单独核算的研发费用资料要齐全、对应签批手续要完整。

## 7. 成果与展望

项目营销阶段，注重营商结合，与业主、设计院全程对接，合理策划创效项目；上场伊始，项目注重高效履约，合理配置资源一次投入到位；施工中，在参建的中字头单位，中建五局承担的项目名列前茅，受到省市领导的点赞。内控方面，建体系、定目标、明责任，完善岗位责任制建设，确保180天内提前完工，实现较好的履约。创效方面，共完成变更创效立项16项，实现变更落地9159万元（占总投资的16.1%），实现变更利润2070万元，变更利润率22.6%，整体提升项目综合收益约4.3%。

总结项目“降本增效”的相关经验，本案例既体现了各阶段创效的理念，即创效前置、地勘跟踪、不平衡报价、增盈减亏、高效履约等，又在施工的各个部位围绕“安全、质量、环保、地质、工期、民生”等做较为细致的谋划工作，优化蓝图在前，完善细节在后，对基础设施项目具有明显的示范作用。

虽然项目取得较好业绩，实现了社会效益和经济效益双丰收，但在管理中也留下了一些遗憾，策划的创效也未能完全实施到位。下一步在项目管理中应注意：做好过程成本分析的流程简化和整改落实工作；在创效成果的确保中注意业务环节闭合和迎审策划完善；在工序管理中应总结“短平快”项目应急管理的经验；在信息化建设中应延伸信息化工作，简化工程流程，推行无纸化办公等，相信在今后的项目管理中取长补短，管理更上一层楼。

# 后　记

作为从事建筑施工企业管理，毫无疑问，获取最佳经济效益是其主要目的之一。众所周知，提高经济效益最根本的方法是项目开源创效和降低成本。本书对基础设施商务与成本管理提出一些管理原则理念、方式方法，供企业管理者在实施过程中参考。

本书依托笔者在中国建筑五局和中国铁建十二局集团的管理实践，通过大量基础设施项目管理案例，从企业商务管理的顶层设计到项目成本管理实施两个层面的谋划，同时从项目全生命周期管理的不同阶段、项目成本管理的预控，围绕开源创效和内控降本两条主线，多角度、多维度提炼，构建形成基础设施项目商务管理体系。

目前，可参考关于建筑施工企业商务管理和成本管理的专著甚少，许多概念表述不一定精准到位，笔者只是把施工企业商务管理的思考与实践、理论与成果编撰成书，与大家交流分享，希望能为项目商务与成本管理难点、痛点提供解决问题的思路。

笔者有着近30年的基础设施项目管理经验，起步成长于项目一线，成就于企业高层管理岗位。2005年任宜万铁路项目经理期间，创新践行企业项目责任成本管理，初步具备一定的项目责任成本管理理念，形成了一套完整的项目责任成本管理方法，成为公司成本管理示范标杆项目，得到业界高度肯定，为公司全面推进项目责任成本管理起到重要的典型引领作用。2006年任公司负责人期间，主持开发项目成本管理软件，致力将管理流程、企业定额、责任预算、结算付款、监控报表等功能融为一体，为商务管理信息化奠定了基础。进入中建集团工作以来，在基础设施项目管理的标准化、信息化、精细化融合方面做了大量工作和探索，特别是项目智慧工地建造平台成本管理模块设置时，为项目成本管理流程、表单、核算、预控提供了解决方案。

本书是我管理成果的总结。基于作者本人在企业和项目管理实践中的粗浅理解，切身体会与经验集成，基于集团企业集体智慧的结晶，以此向基础设施业务建设者与管理者致敬。在编写过程中，得到了有关商务管理专家和项目管理权威人士的大力支持和帮助，并引用了中国铁建十二局集团和中国建筑五局的一些管理成果，以及我的同事闫凯平、王艾等同志做了大量幕后工作，一并表示感谢。

企业高质量发展之路没有终点，企业管理将是永恒的课题。本书成稿，既为初心，亦为使命。因时间仓促，一些观点难免疏漏或不妥，在此也恳请广大读者和管理专家赐正。

2020年9月

邓尤东管理文集

## 延伸阅读

邓尤东，教授级高级工程师，历任世界500强企业中国铁建、中国建筑旗下高管多年，对建筑企业管理、项目管理、信息化管理等有着丰富的实践经验和深厚的理论造诣。

**《建筑企业工程总承包卓越管理》**

◎首次提出工程总承包卓越管理理念，为中国施工企业打造世界一流企业指明了方向，提供了路径。

◎卓越管理，不光助力工程总承包管理升级，也助力施工企业变革升级、高质量发展。

◎本书搭建了工程总承包卓越管理体系，并提供了理念、方法、路径和案例。

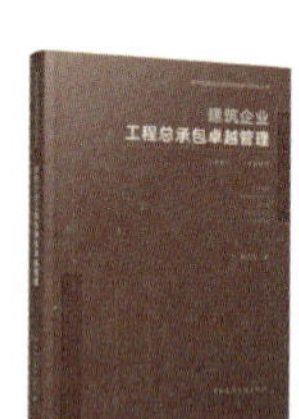


**《建筑企业数字化与项目智慧建造管理》**

◎首次完整提供建筑企业数字化建设解决方案。

◎建筑企业数字化转型升级之道与实操。

◎项目智慧工地建造管理体系与运用。

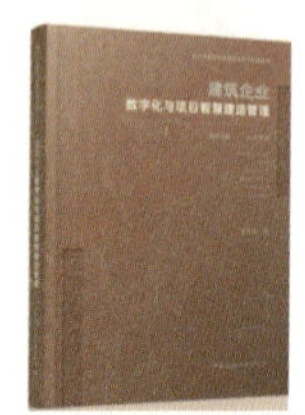


**《建筑企业商务与项目成本管理》**

◎商务精细化管理与项目责任成本管理的成功之谈。

◎没有商务和成本管理，就没有建筑企业可持续发展。

◎本书提供低成本竞争、高质量管理的理念和方法。

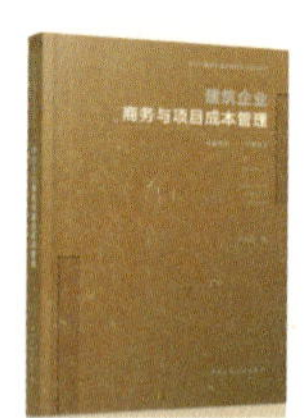


**《建筑企业标准化建设管理》**

◎立足于建筑企业标准化建设的样本。

◎标准化建设如何落地？这本书说清楚了。

◎标准化建设是建筑企业管理必须迈过去的坎。

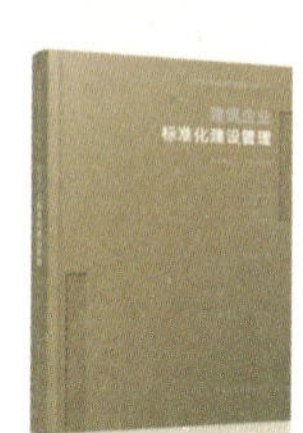


**《建筑企业工程建设履约管理》**

◎只有履约，才能实现可持续发展。

◎只有卓有成效的履约，才能实现可持续高质量发展。

◎如何实现卓有成效的履约管理，本书提供了方法。

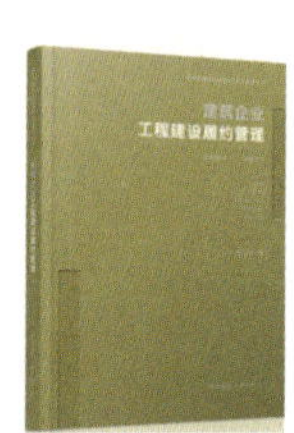